少年读全景

资治通鉴故事

④

魏纪·晋纪·宋纪
齐纪·梁纪·陈纪

廖志军　编著

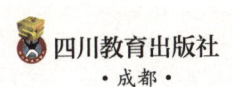

四川教育出版社
·成都·

图书在版编目（CIP）数据

少年读全景资治通鉴故事. 4，魏纪·晋纪·宋纪·齐纪·梁纪·陈纪 / 廖志军编著 . — 成都：四川教育出版社，2021.10

ISBN 978-7-5408-7789-7

I. ①少… II. ①廖… III. ①中国历史—古代史—编年体 ②《资治通鉴》—少年读物 IV. ① K204.3-49

中国版本图书馆 CIP 数据核字（2021）第 181930 号

SHAONIAN DU QUANJING ZIZHITONGJIAN GUSHI 4
WEIJI · JINJI · SONGJI · QIJI · LIANGJI · CHENJI

少年读全景资治通鉴故事4
魏纪·晋纪·宋纪·齐纪·梁纪·陈纪

廖志军　编著

出品人	雷　华
责任编辑	肖　勇
责任校对	陈鸿鹏
封面设计	路炳男
版式设计	闫晓玉
责任印制	田东洋
出版发行	四川教育出版社
地　　址	成都市黄荆路13号
邮政编码	610225
网　　址	www.chuanjiaoshe.com
印　刷	德富泰（唐山）印务有限公司
制　作	闫晓玉
版　次	2021年12月第1版
印　次	2021年12月第1次印刷
成品规格	188mm×245mm
印　张	9
书　号	ISBN 978-7-5408-7789-7
定　价	168.00元（全6册）

如发现印装质量问题，影响阅读，请与本社联系。总编室电话：（028）86365120
编辑部电话：（028）86365129

目录 公元220年~公元589年

◎少年读全景资治通鉴故事 4　魏纪·晋纪·宋纪·齐纪·梁纪·陈纪　////魏纪////晋纪////宋纪////齐纪////梁纪////陈纪

◎魏纪

曹丕洛阳称帝　〇〇二
争宠夺势，如愿以偿
献帝退位，曹丕建魏

曹植七步成诗　〇〇四
才高八斗，文学天才
不拘小节，失宠失意
为兄所嫉，七步成诗

刘备称帝伐吴　〇〇六
为雪前耻，执意伐吴
猇亭相持，进退维谷
火烧连营，蜀军惨败
忧虑成疾，临终托孤

孙权建吴　〇一〇
豪杰少年，初领江东
雄韬伟略，力据东吴
审时度势，建立吴国

诸葛亮兴蜀结吴　〇一二
依法治国，振兴蜀汉
集思广益，任人唯贤
邓芝出使，蜀吴复盟

诸葛亮七擒孟获　〇一四
亲力亲为，南征平乱
七擒七纵，收服人心

诸葛亮挥泪斩马谡　〇一六
呈出师表，首征祁山
痛失街亭，北伐告败
挥泪斩马谡

诸葛亮之死　〇一九
秋风五丈原
司马懿巧探孔明
鞠躬尽瘁，死而后已

刘禅丧国乐不思蜀　〇二二
昏聩无能，断送江山
乐不思蜀的败家子

高平陵政变　〇二四
两臣辅政，互相排挤
钩心斗角，司马装病
起兵夺权，曹爽被杀

司马昭之心　〇二七
横行霸道，独揽朝政
野心实干家，功过待评说

曹魏名将邓艾　〇三〇
混迹乱世，口拙才高
偶遇伯乐，改变命运
智勇双全，灭蜀元勋
居功自傲，蒙冤而死

◎ 晋纪

司马炎称帝　　　　○三四
温和守成的开国皇帝
灭吴成功，三国归晋
声色犬马，贪逸好色

堕泪碑前悼羊祜　　○三七
宅心仁厚，开诚布公
蓄志灭吴，举荐贤能
与世长辞，民众缅怀

周处浪子回头　　　○三九
惹是生非，为祸乡里
周处除"三害"
浪子回头，留名青史

王恺石崇斗富　　　○四一
穷奢极欲，世风日下
豪门斗富，轰动京城

白痴晋惠帝　　　　○四三
弱智低能的太子
司马衷答题
傀儡一生，空留笑谈

王衍清谈误国　　　○四五
出身名门，才华横溢
淡泊名利，清高儒雅
崇尚清谈，任人唯亲
不思抗敌，国破身亡

匈奴人刘渊反晋建汉　○四七
精通汉学，文武双全
托名汉嗣，进兵中原
刘渊称帝，进攻晋都

永嘉之乱　　　　　○四九
弑兄称帝，血洗洛阳
连杀两帝，灭亡西晋

刘曜灭晋建前赵　　○五一
人小志大，与众不同
攻破洛阳，灭晋立功
讨伐叛贼，建立前赵
其兴也勃，其亡也速

司马睿建东晋　　　○五三
琅琊王十年伺良机
兴复晋室，建立东晋
王与马，共天下

大秦天王苻坚　　　○五五
有德者昌，无德者亡
继承大统，励精图治
推行教化，任人唯贤
国强民安，统一北方

王猛扪虱论天下　　○五七
人穷志不短，扪虱论天下
出仕前秦，一展奇才
身居高位，惹人怨恨
君臣相得，鞠躬尽瘁

淝水之战　　　　　○五九
不听劝阻，执意南征
轻敌遭败，草木皆兵
风声鹤唳，前秦危亡

谢安东山再起　　　○六二
隐居东山，无意仕途

出山做官，力挽狂澜
镇静自若，决胜千里
无辜遭猜忌，贤臣终离世

辅佐幼帝，志在天下
矛盾加剧，杀子夺权
临朝执政，雄才大略

◎ 宋纪

刘裕灭东晋建宋　　　　　〇六六

穷苦出身，军营发迹
复晋有功，大权在握
灭晋建宋，成就帝业

荒淫残暴的宋废帝　　　　〇六八

不肖子孙，难成帝业
背祖离德，恶贯满盈
荒淫无伦，众叛亲离

"北魏张良"崔浩　　　　　〇七〇

名门之后，才比张良
多受恩宠，屡献奇谋
力主北伐，诛灭群雄
祸起《国史》，身死族灭

元嘉之治和魏宋纷争　　　〇七三

临难登基，消除后患
内清外晏，四海安定
魏宋交战，南北对峙

檀道济唱筹量沙　　　　　〇七六

太子太傅，国之长城
唱筹量沙，智退魏军
误杀忠良，自毁长城

北魏太武帝灭佛　　　　　〇七九

信奉道教，排斥佛教
物极必反，由胜而衰
太武灭佛，佛教遭难

冯太后垂帘听政　　　　　〇八二

初进深宫的非凡女子

◎ 齐纪

萧道成定鼎建萧齐　　　　〇八六

平叛有功，身为"四贵"
刘昱暴虐，萧道成大怒
扫除异己，夺得帝位

无神论斗士范缜　　　　　〇八八

秉性正直，不媚世俗
据理力争，舌战群僧
写《神灭论》，坚持真理
不朽斗士，名垂青史

北魏迁都洛阳城　　　　　〇九一

推行汉化，蓄志迁都
虚张声势，假意南征
好戏落幕，迁都洛阳

孝文帝汉化改革　　　　　〇九四

各种矛盾下催生的改革方案
迁都洛阳，改革风俗
划分门第，平定叛乱

◎ 梁纪

和尚皇帝萧衍　　　　　　〇九八

文武双全，博学多才
交战北魏，受到重用
工于心计，灭齐建梁
和尚皇帝，舍身事佛

昭明太子编《文选》　　　一〇一

英才少年，心地纯良
归隐镇江，英年早逝
文质并重的巨著《文选》

侯景祸乱江南　　　　　一〇四
小人得志，先后易主
屡当叛将，反复无常
叛臣贼子，攻占建康
暴徒横虐，祸乱江南

陈霸先代梁建陈　　　　一〇六
谋略有加，志向高远
讨伐侯景，平叛有功
诛杀异党，击退齐军
建立陈朝，重整河山

白袍将军陈庆之　　　　一〇八
莫问出身，凭风借力
风云际会，横空出世
白袍骑兵，萧梁战神

胡太后荒淫乱国　　　　一一一
精明多智，母凭子贵
放纵无忌，奢靡享乐
变本加厉，毒杀亲子
骄淫残虐，乱国殒命

尔朱荣瓦解北魏　　　　一一四
金戈铁马起秀容
太后乱政，河阴宫变
消除祸患，权势渐大
专横跋扈，堪比董卓

两家分魏始末　　　　　一一七
时局混乱，祸起萧墙
起兵从军，受封晋州
高欢起兵，灭尔朱氏
政权分裂，两魏并存

北周代西魏　　　　　　一二〇
出身草莽的宇文泰
独领西魏，励精图治
机关算尽，反手性命

◎陈纪

高洋灭东魏建北齐　　　一二四
大智若愚，深藏不露
承父之志，建立北齐
酒后无德，杀戮无数
殴母不孝，好酒早亡

周武帝改革　　　　　　一二七
倡导节俭，事必躬亲
锐意改革，温和废佛
卓有成效，意义深远

北周灭北齐　　　　　　一三〇
锐意进取，后来居上
宠信奸佞，诛杀忠良
沉迷女色，断送江山

杨坚崛起生异志　　　　一三三
关陇士族，杨门崛起
祖福荫庇，假诏称帝
天下归一，开皇之治

陈后主荒淫丧国　　　　一三六
纵使三千粉黛，不及丽华一人
玉树后庭花，亡国靡靡音
身陷胭脂井，繁华终落尽

少年读全景资治通鉴故事 4

—— 魏纪·晋纪·宋纪·齐纪·梁纪·陈纪 ——

魏 纪

公元220年～公元266年

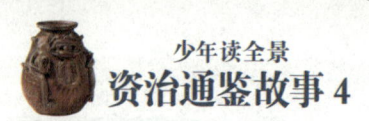

曹丕洛阳称帝

魏纪

曹丕，字子桓，是曹操次子。曹丕天资聪颖，能为文，又善骑射，好击剑，少年时代便广泛阅读古今经传、诸子百家作品。他为人狡诈多谋，在众多大臣的帮助下，最终在继承权的争夺战中战胜了弟弟曹植，被立为世子。曹操死后，曹丕继位为丞相、魏王，后逼迫汉献帝退位，自立为帝，史称魏文帝。曹丕爱好文学，成就颇高，他的《燕歌行》是中国较早的优秀七言诗，他的《典论·论文》是中国文学史上第一篇关于文学批评的专论作品，在中国文学批评史上占有重要地位。

争宠夺势，如愿以偿

曹丕自幼就生活在军营里，随着父亲征伐天下，受到父亲的熏陶，不到十岁就会骑射，通晓诸子典籍、古今著作，成年后精通文学，是当时很有名气的诗人。同时，他也非常有野心，一直希望能继承父位，大展宏图。曹操乃一代枭雄，名满天下，可他的儿子们都远不如他，勉强能与之相比的，就只有次子曹丕和四子曹植。

曹操身为丞相，一直掌握着朝中大权，号令天下，但他一直都没有称帝。216年，汉献帝封曹操为魏王。有了王号之后，曹操就开始着手考虑立嗣之事。在讨伐张绣的宛城之战中，曹操长子曹昂不幸被杀。如此一来，曹丕就成了实际上的长子，这样他就在日后的王嗣之战中占得了身份上的优势。但是曹操喜好文学，闲暇之余常常和一些文人写诗作赋，饮酒畅谈。在众多儿子里，他最喜欢用笔潇洒、行文洒脱的四子曹植，曾一度想立他为嗣子。

曹丕也擅长写诗作赋，可和曹植相比，不管是才气还是名气都远远不及，所以他非常嫉妒曹植。他知道曹操想立曹植为嗣子，便一直想打压曹植。

那时，曹丕和曹植身边各有一批心腹重臣，追随曹丕的都是些权臣或谋臣，如尚书仆射毛玠

◀ **魏文帝曹丕**
曹丕（187~226），字子桓，曹操次子，三国时期魏国君主，政治家、文学家，庙号世祖，谥号文皇帝。220年，曹操死，曹丕继位为丞相、魏王，同年逼迫汉献帝禅位，自立为帝，国号魏，改元黄初，都城由许都迁至洛阳。

少年读全景
资治通鉴故事 4

▶▶ 魏纪·晋纪·宋纪·齐纪·梁纪·陈纪　　▶▶ 魏纪　　▶▶ 曹丕洛阳称帝

▲（魏晋）铜龟器
青海互助高寨出土，高5厘米，长14.7厘米。

和太中大夫贾诩等，而追随曹植的大都是些文人墨客，如名士丁仪和丞相主簿杨修等。官场黑暗，尔虞我诈，成天吟诗作赋的文人哪里是那些老谋深算的政客谋臣的对手？加上一直以来，人们在立嗣之事上都信奉长幼有序的观念，因此在立嗣之争中，曹丕的优势越来越明显。

其实，曹植根本不知道自己已经卷入了这场立嗣之争中，更没有意识到眼下的形势会对自己不利。他为人淳朴，特立独行。曹操对他这种狂放不羁的个性十分不满。而曹丕善于演戏，他在曹操面前表现得忠心仁慈，处处讨其欢心。因此曹操越来越不喜欢曹植，觉得曹丕更沉着冷静，谦卑有礼，懂得待人接物。

217年，曹操终于立曹丕为嗣子。曹丕如愿以偿，无比欢欣。

献帝退位，曹丕建魏

220年，曹操在雒阳病逝，结束了辉煌的一生。当时，留守于邺城（今河北临漳）的曹丕听到父王离世的消息，悲痛不已，号啕大哭。亲信司马孚见此情形，安慰曹丕道："节哀顺变。尽管大王离开了人世，可您不能乱了阵脚啊，天下不可一日无主，如今您应该立即回朝，掌控朝政，以绝后患。"听完司马孚这一番话，曹丕马上清醒过来，并立即赶赴许都，为曹操办理丧事。

此后，在曹丕和司马孚的主持下，官员们开始着手以君王之礼为曹操举办国葬。之后大臣们上书奏请汉献帝让曹丕接任王位。汉献帝本就是傀儡，一无主见二无实权，看了大臣们的奏章后就下旨封曹丕做了丞相和魏王，让他掌管冀州。就这样，曹丕继承了曹操生前的全部职权。

曹丕称王后，首先让自己的重臣亲信担任要职，贾诩成了太尉，华歆成了相国，王朗成了御史大夫。随后他下令诛杀了曹植的亲信丁仪等人，又将曹植降为安乡侯，让他离开了京都。同时，曹丕并不满足于做汉室的封王，时间一长，他称帝的野心渐渐暴露出来。曹操当年征伐天下，总揽朝政，挟天子以令诸侯，只是那时天下大乱，尽管汉朝势弱，可终究是百姓认可的朝廷，曹操担心自己自立为帝会遭人唾弃，所以称帝之事一直未议。可如今不同了，汉王朝有名无实，满朝大臣都服从曹丕。曹丕下定决心称帝，于是就开始部署，满朝文武官员心知肚明，只是无人明说。这时，左中郎李伏、太史许芝趁机联名上书，劝汉献帝退位，禅位于曹丕。

汉献帝做了多年的傀儡皇帝，一直如履薄冰，现在看见大臣的联名奏章，只好答应了大臣的请求。为了让天下百姓知道是献帝自愿退位的，文武百官们举办了一个盛大的禅让仪式，并在仪式上把皇帝的玉玺和绶带交给了曹丕。不久，曹丕正式登基，改国号为魏，史称魏文帝。魏国的建立彻底终结了有着近两百年历史的东汉王朝。

魏纪 曹植七步成诗

曹植是曹操的第四子，才高八斗，精于诗歌辞赋，很受父亲的疼爱。后来，他卷入了立嗣的风波之中。相传面对哥哥曹丕的逼迫，他在七步之内吟出了"煮豆持作羹，漉菽以为汁。萁在釜下燃，豆在釜中泣。本是同根生，相煎何太急"的著名诗句，抒发了自己因兄弟之间相互残杀而痛心疾首的愤懑之情。这首诗脍炙人口，流传至今。

才高八斗，文学天才

曹植是曹操和妻子卞氏所生的第三个儿子，字子建，与曹丕是一母所生。曹植自幼聪慧过人，十岁时就阅读了众多诗书典籍，出口成章，下笔成篇。在诗歌辞赋上，曹操、曹丕、曹植都有很高的造诣，那时的人们还称他们为"三曹"。

闲暇之余，曹操常和一些文人吟诗作赋，喝酒畅谈。一次，曹操无意中发现曹植写的文章不仅顺畅，还很有文采，他很高兴，可又有些狐疑，就问曹植："这文章是谁替你写的？"曹植慌忙跪拜道："孩儿出口成章，下笔成文，哪里需要别人替我写啊。父亲大人要是怀疑的话，就亲自试我一试。"因此曹操就当着大家的面考了他几次，发现他真的文笔不俗，就更加喜欢他，还多次想立他为嗣子。可因为立嗣一直有长幼有序之说，因此多数大臣都不同意这一做法，此事也就一直耽搁了下来。

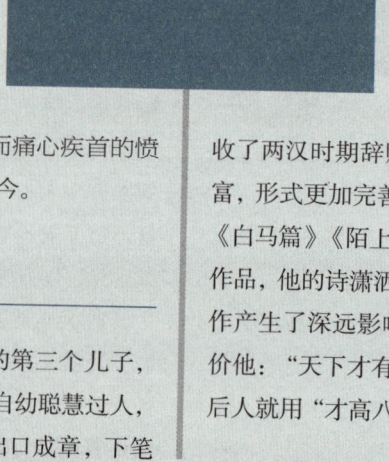

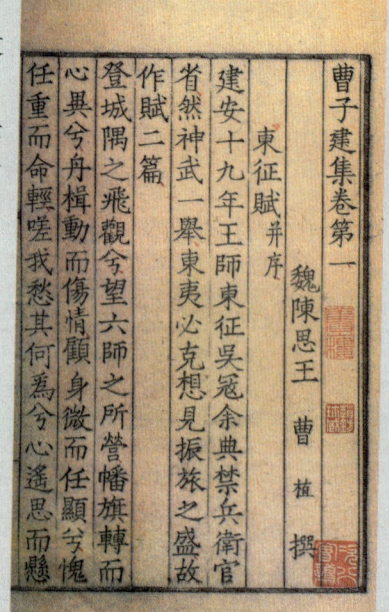

在中国文学史上，从建安年间至魏初这段时间称为建安时期。建安时期，文学成就最高的就是诗歌，而这些诗歌中，曹植的诗比较出众。在诗歌写作上，曹植继承了《诗经》《离骚》等优秀作品的风格，并吸收了两汉时期辞赋的精华，使得诗歌意蕴更为丰富，形式更加完善。那时，曹植所写的《洛神赋》《白马篇》《陌上桑》等都是被人们交口称赞的好作品，他的诗潇洒、清逸，对当时和后代的文学创作产生了深远影响。南朝文学家谢灵运曾这样评价他："天下才有一石，曹子建独占八斗。"从此后人就用"才高八斗"来形容一个人很有才华。

不拘小节，失宠失意

尽管曹操非常喜欢曹植，可他对曹植"狂放不羁，任性而为，饮酒不节"的个性极为不满，因此在之后的立嗣争斗中，曹植始终处于不利的地位。

一次，曹操领兵出征，曹丕、曹植一同送行。临行前，曹植当面诵读了一段赞誉曹操丰功伟绩的篇章，众人听后，连声称赞。这时，谋臣偷偷地对曹丕说道："你父亲要去打仗了，你只需表示自己很难过就行了。"曹

◀《曹子建集》书影

曹植，字子建，以笔力雄健和词采华茂见长。有文集三十卷，已佚，今存《曹子建集》为宋人所编。

魏纪·晋纪·宋纪·齐纪·梁纪·陈纪　　魏纪　　曹植七步成诗

▶ 曹植七步成诗

相传曹丕非常嫉妒曹植的才华，多次找机会想将曹植置于死地。有一次，他命曹植在七步之内作一首诗，办不到的话就要将曹植处死。

丕依计行事，流着泪为父亲送行，曹操为之动容，也流泪不止。

曹植是个洒脱不羁之人。一次，他不理宫中规矩，在宫中乘着马车四处乱跑，还私自将宫门打开并溜了出去。得知此事后，曹操勃然大怒，将主管宫门的公车令处死了，从此更加不喜欢曹植。

又有一次，曹操命曹植率兵出征。曹丕知道曹植嗜酒如命，就提前带着一壶好酒去找曹植畅饮，结果曹植喝得烂醉如泥。这时，曹操命人来找曹植，可叫了好久，他还是没有任何反应，因此愤怒的曹操取消了让他带兵出征的命令。

之后，曹丕又多次设计陷害曹植。而曹植不拘小节，屡犯法禁，每次都会惹怒曹操。相比之下，曹丕则比较擅长掩饰自己的缺点，因此他逐渐在立嗣之争中取得优势地位。

为兄所嫉，七步成诗

当初，自汉献帝将都城迁到许县后，曹操就掌控了朝中大权，但他一直没有称帝。

220年，六十六岁的曹操病亡于雒阳。曹操去世后，曹丕继承了丞相和魏王之职，独揽朝政。不久，曹植被人告发，说他常常酗酒骂人，还将曹丕派去的使臣关押起来。曹丕闻听此事后勃然大怒，赶紧命人将曹植押到朝中审讯。

曹丕生性多疑，他一直嫉妒曹植的才识，于是想利用这次机会，置曹植于死地。二人之母卞氏得知此事后十分着急，赶到曹丕面前替曹植说情，恳求他看在亲兄弟的情分上，放过曹植。

有文献记载：曹丕安抚了母亲，接着接见了曹植，命他在七步之内作一首诗，如果能办到，就免其死罪。

曹植稍稍想了一会儿后，就踱起步子，一面向前走一面说道："煮豆持作羹，漉菽以为汁。萁在釜下燃，豆在釜中泣。本是同根生，相煎何太急？"曹丕听后，有些惭愧，他也认为自己逼迫弟弟太过，又考虑到母亲的恳求，于是就免了曹植的死罪，但是降低了他的爵位。

曹丕称帝后，曹植又多次徙封，因此他的内心非常愁苦抑郁。曹丕病亡后，他的儿子曹叡登基。曹植曾多次奏请皇帝重用自己，可都未能如愿，最终他四十一岁时在其封地陈郡（今河南一带）抑郁而亡。曹植生前曾为陈王，死后谥号"思"，因此后人称其为"陈思王"。

少年读全景资治通鉴故事 4

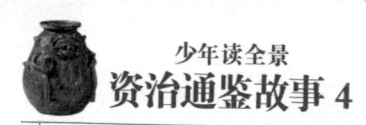

魏纪·晋纪·宋纪·齐纪·梁纪·陈纪　　▶▶ 魏纪　　▶▶ 刘备称帝伐吴

魏纪
刘备称帝伐吴

曹丕称帝的第二年，即221年，刘备也在蜀地正式称帝，国号为"汉"，史称蜀汉。同年，刘备为报失去荆州、痛失大将关羽之仇，贸然出兵攻打东吴，输给了东吴主将陆逊——夷陵之战中，陆逊设计火烧连营，刘备惨败。不久，刘备抑郁而终，从此蜀汉国力日渐衰微。

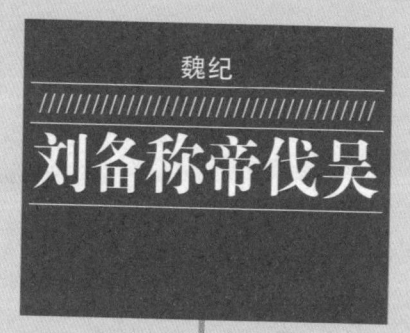

为雪前耻，执意伐吴

孙权夺回荆州后，他和刘备的矛盾全面激化，孙刘联盟彻底破裂。221年，刘备称帝，国号为"汉"，历史上称蜀汉，都城为成都，年号章武。一个月后，为了替关羽报仇，刘备准备攻打吴军，并试图夺回荆州。蜀汉的大部分大臣都不同意此次出征，诸葛亮、赵云等都认为举兵攻打东吴对蜀汉无利，因此就多番劝诫刘备，说倘若曹丕知道孙刘联盟瓦解定会坐收渔翁之利。可刘备执迷不悟，根本听不进任何劝告。

正当刘备大力备战之时，大将张飞又被手下人杀了，其首级还被送到了东吴，刘备再次受挫。其他经受战争洗礼的老将中，马超身患重病，黄忠已经谢世，魏延驻守汉中，赵云又不同意出征东吴。无奈之下，刘备只能亲率兵马，并选拔冯习等新将随自己一起征讨东吴。

221年夏，刘备亲自率兵攻打东吴。那时，吴蜀双方的重要通道是长江三峡。刘备命以大将吴班、冯习为首的四万先锋军去占领峡口，随后蜀军攻进了东吴境内，并战胜了吴将李异率领的水兵，从而占领了巫县和秭归。

猇亭相持，进退维谷

此时，孙权不断写信求和于蜀汉，诸葛亮也劝说刘备停止作战，可一直想要报仇雪恨的刘备却坚持己见。孙权紧急备战，命右护军、镇西将军陆逊为大都督，率领朱然、潘璋、韩当、徐盛、孙桓等部队共五万兵马赶赴前方抵抗蜀军，期间他还派使者出使曹魏，称臣求和，以此来避免腹背受敌。

此后，刘备继续东征，并在秭归靠江之处安营扎寨，他误以为荆州一带的割据势力会纷纷起兵反吴，于是就命先锋停留在秭归，伺机等待东吴后方发生叛乱。就这样，他一直在此地浪费了五个月，可整个荆州仅有五溪蛮起兵反叛了东吴。刘备不想继续拖延下去，于是就率军东下。

吴将陆逊知道蜀军此时士气如虹，士兵人数也比自己多，因此就细细研究了一下三峡的地形特征，发现这里陆地陡峭险要，水路也很艰险，非常不利于吴军防守和补给。因此吴军必须先避开蜀军的攻势，采取撤兵之策，等待时机再攻打蜀军。陆逊果断率兵地后撤到了夷道（今湖北宜昌西北）、猇亭（今湖北宜昌东）一带，并在夷陵布下了重兵，以阻止蜀军攻打东吴。如此一来，吴军就挡住了三峡口，使对方处于不利地位。

陆逊参透了地形，抓住了时机，以退为进，逼得蜀军无法发挥自己的优势。刘备军被困于三峡险路，进退维谷，渐渐地失去了优势。

自222年春起，陆逊就占领着三峡的险要之处，坚守不出，吴蜀两军开始了长时间的对峙。蜀军急着出战，因此就多次挑战吴军，可吴军始终坚守不出。刘备还多次命人去吴军营前骂阵，试图惹恼陆逊，可陆逊丝毫不予理会。刘备又命人

少年读全景
资治通鉴故事 4

魏纪·晋纪·宋纪·齐纪·梁纪·陈纪　　▶▶ 魏纪　　▶▶ 刘备称帝伐吴

▼刘备兴兵

221年夏,刘备亲自率兵攻打东吴。那时,双方的重要通道就是长江三峡。刘备命以大将吴班、冯习为首的四万多先锋军去占领峡口,蜀军随后攻入东吴境内。

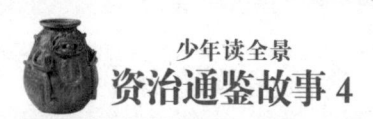

在山中设下伏兵，命水兵将士弃船登岸，率几千人扎营于平地，来挑战吴军。接着他又命作战力强的将士潜伏于四周的山谷里，试图诱使吴军发起进攻，可还是没有取得任何成效。

双方就这样对抗了三个月，蜀军渐渐没有了作战士气，加上那时正是炎热的夏天，蜀军士兵个个身心疲惫，也就不再准备攻打吴军了。陆逊觉得攻打蜀军的时机已经成熟，于是就决定反击蜀军。而蜀军全军分散在吴国境内二三百千米的坎坷山路上，为陆逊实施自己的作战策略提供了有利的条件。

火烧连营，蜀军惨败

在举兵反击前，陆逊首先命前锋军做了一次试探性的反攻，尽管战败，可他却发现了制胜之法。由于蜀军营寨均由木栏筑成，其四周又都是树木、茅草，只要有一点火苗，就能烧成一片火海，如此一来，吴军就能在乱中获胜。于是陆逊命每个吴军将士都拿着一把茅草，趁夜袭击蜀军营地，并顺风纵火。顷刻间蜀军营地火光冲天，陆逊趁机大举反击，逼得蜀军向西后撤。

吴将朱然带领五千兵马战胜了蜀军的前锋军，协助韩当所部将蜀军包围在了涿乡（今湖北宜昌西），这样蜀军的后路就被截断了。激战中，吴军杀死了蜀将张南、冯习和蛮王沙摩柯等人，又相继占领了蜀军的四十几座营地，接着又利用水兵切断了长江两岸蜀军的联络。此后，杜路、刘宁等蜀将纷纷放下兵器归降了吴军。

蜀军大都溃散而逃，刘备也逃到了夷陵西北的马鞍山，并命蜀军依靠天险自卫，还让属下将领傅肜在其后引导蜀军自水路后撤。陆逊调集全部兵力围剿蜀军，傅肜所率蜀军几乎全军覆没，傅肜最后也战死沙场。吴军趁势追杀，消灭了大部分蜀军。刘备被吴将孙桓一路追杀，险些遭擒。刘备趁夜杀出重围，逃到了石门山（今湖北巴东东北）。

此时，赵云军队和马忠所部赶来援助蜀军，刘备才幸免于难，他们逃到了白帝城（在今重庆奉节）。得知刘备率军后撤到白帝城后，吴将徐盛、潘璋等人想要趁势追杀。陆逊害怕曹魏以帮助吴国征讨蜀国为名趁机突袭吴国后方，因此决定赶紧撤军回去。就这样，夷陵之战以吴军大胜而告终。

忧虑成疾，临终托孤

夷陵之战中，陆逊准确掌握蜀军情况，以撤退之势诱导蜀军，致使其疲惫不堪。接着他又抓住时机巧施火烧蜀营之计，使得吴军反守为攻，以弱胜强，展现了他超凡的军事才干。而多次征战沙场的刘备却惨败而归，这主要是因为刘备内心有太多仇恨，心浮气躁，逞强冒险，急于取胜，犯了兵家之大忌。在制定作战策略时，他没有仔细察看地势，致使蜀军处于进退无门的窘境；在吴军奋力反抗之时，他没有适时更改作战计划，却到处建营，致使兵力分散，处于被动之势，并最终导致蜀军大败，实在让人唏嘘不已。

看着随自己出征东吴的数万将士所剩无几，刘备悔恨交加，痛心不已。他率领少量士兵狼狈地逃到白帝城后，不久就病倒在永安宫。刘备一病不起，想到蜀汉还不稳固，他最为太子刘禅担心，因为刘禅胸无点墨，胆小怕事，根本就不具治国之才。万一自己去世了，蜀汉的统治怎么维持下去呢？

他知道自己时日不多了，就想把朝中重臣召集过来，和他们一起商讨自己的身后之事。于是他命人日夜兼程赶往成都，将丞相诸葛亮和辅汉

魏纪·晋纪·宋纪·齐纪·梁纪·陈纪　　▶▶ 魏纪　　▶▶ 刘备称帝伐吴

将军李严等人请了过来。诸葛亮来到永安宫后，见刘备面容枯槁，衰老了不少，痛心不已。

刘备让诸葛亮坐到床边，对他说："丞相是天下的奇士，我幸运地得到你的鼎力相助，成就了这样的事业，建立了蜀汉。可是因为我固执己见，没有听从丞相的劝诫，遭受挫败，真是悔恨不已。现在我病重难愈，恐怕活不了多久了，太子无能，只得将朝中事务交与你处理。"说完这番话，刘备已是老泪纵横。诸葛亮也心痛不已，哽咽着说道："希望陛下保重身体。只要我们君臣一心，蜀汉一定能繁盛起来。"刘备摇了摇头，想要说话，见马谡等将领站在旁边，就让他们都退下去。

刘备向诸葛亮说道："马谡这人虚有其表，只会说不会做，不能处理重大事情，丞相你一定要慎用他。"说完，刘备又把将领们叫了进来，拿笔写下了遗诏，并将其交与诸葛亮，慨叹道："我真想和大家一起率兵北伐，除掉曹丕，可惜我无能为力了。劳烦丞相把遗诏交与太子刘禅，以后朝中事务还望丞相大力辅佐。"

诸葛亮跪地叩首，接过遗诏，说道："多谢陛下抬爱，臣一定会竭力帮助太子，效忠国家。希望陛下保重身体。"

刘备让人将诸葛亮扶了起来，一手擦泪，一手握住诸葛亮的手说道："我时日不多，一定要和你说几句知心话。"诸葛亮严肃聆听。刘备说道："你的才干比曹丕强十倍，一定能一统天下，建立一番大业。至于太子刘禅，你能帮就帮，要是他真的成不了大事，就请丞相取代他的位置。"

诸葛亮听完这番话，哭着说道："我一定竭尽全力辅佐太子，誓死为国效忠。"接着，刘备又再次下诏给刘禅，让他像对待自己的生父那样对待丞相。

不久，刘备辞世，时年六十三岁，谥号为昭烈帝。

▼刘备遗诏托孤
关羽被吴军杀害以后，刘备报仇心切，亲自率军攻打东吴，结果大败，他自己也病倒在白帝城。刘备知道自己将不久于人世，便派人日夜兼程赶到成都，请诸葛亮到白帝城，以嘱托后事。

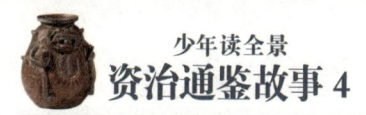

魏纪·晋纪·宋纪·齐纪·梁纪·陈纪　　魏纪　　孙权建吴

魏纪
孙权建吴

孙权十九岁时接替兄长孙策的位置，统领了江东。赤壁一战中，他和刘备联手打败了曹操，为三国鼎立局面的形成打下了根基。在与魏国展开的濡须之战中，孙权运筹帷幄，计谋得当，使曹操这一叱咤风云的英雄人物发出了"生子当如孙仲谋"的感叹。之后，孙权又与曹操联手，从刘备手上抢回了借出的荆州……三国之争中，孙权领导的东吴，作为一股不容忽视的力量影响着天下大势。229年，他终于正式登基为帝，国号为吴，后迁都建业。

豪杰少年，初领江东

孙权，字仲谋，是孙策的弟弟。他从小跟着兄长南征北战，先打败了庐江太守刘勋，又战胜了江夏的黄祖，因此积累了不少作战经验，在孙策一统江东之时出谋划策，立下了汗马功劳。

后来，孙策遇刺身亡，江东出现了混乱局面。而那时，孙权还很年轻，又刚刚接掌政权，江东地区多数豪雄侠士都怀疑他能不能掌管江东，有的贤士甚至觉得江东局势不好而投靠别人去了。

尽管能力被质疑，可孙权并没有动摇，他牢记孙策临终遗言"内事不决问张昭，外事不决问周瑜"，谨慎行事，谦恭地求教于人，同时招贤纳士，重用人才，鲁肃和诸葛瑾等人就是此时投奔他的。此后，江东局势逐渐好转，孙权的政治地位也更加稳固了。

雄韬伟略，力据东吴

203年，孙权向西攻打黄祖以报父仇，但他多次攻打江夏郡，都无功而返。此时，居于江东六郡的山越又起兵反叛东吴。孙权先后两次派兵大举攻打山越，为了强化统治和管理，他还在山越人的居住地建立了县治。208年春，在平定山越后，孙权再次起兵讨伐黄祖，并一直打到了江夏。不久，大将吕蒙战胜了黄祖的前锋军，凌统、董袭等人一举占领了江夏大部，杀了黄祖，胜利班师。

荆州刘表去世后，孙权命鲁肃赶去其长子刘琦处奔丧，借此察看荆州的局势。此前，因为曹操领兵南下，并逐渐逼近荆州地界，刘表的儿子刘琮已经率领众臣归降了曹操，而刘备等人则与刘琦驻守在江夏。当时，由于有了刘表悉心操练的水兵的帮助，曹操水军的作战能力有了很大提高，因此曹操对江东志在必得，还命使臣送挑战书给孙权，宣称自己会带领军队迎战孙权。江东军民惊恐万分，在鲁肃、周瑜和诸葛亮的多番劝告下，孙权同意和刘备联手抗击曹操，还命周瑜领兵援助刘备。孙刘联军在赤壁战胜了曹军。为了稳固联盟关系，孙权还和刘备结成了姻亲。

◀孙权像
孙权，字仲谋，三国时东吴的开国君主，222年称吴王，229年正式称帝，建立吴国。

少年读全景
资治通鉴故事 4

▶▶ 魏纪·晋纪·宋纪·齐纪·梁纪·陈纪   ▶▶ 魏纪   ▶▶ 孙权建吴

◀ "大泉五百"铜钱

孙权称帝后,东吴于236年春铸造了"大泉五百"铜钱,与当时的五百枚五铢钱等值,随后又相继铸造了"大泉当千""大泉二千"和"大泉五千",面额越铸越大,物价则越来越高,百姓深受其苦。

赤壁之战后,刘备向孙权借得荆州五郡,扩大了自己的势力范围。214年,刘备进占了益州。孙权命谋臣诸葛瑾赶去要回荆州各郡,刘备却诡辩推托,拒不交还。勃然大怒的孙权命吕蒙、鲁肃率兵猛攻,刘备也起兵备战,双方争夺荆州的战事一触即发。这时,曹操领兵攻进汉中,刘备忧虑后方失守、益州被占,就赶紧撤兵支援益州,并求和于孙权。孙权觉得自己部署得也不充分,就决定重修旧好,因此双方以湘水为界,分割了荆州。

后来,鲁肃去世,吕蒙接替他的位置统辖荆州,并献计攻打关羽,夺回整个荆州。孙权觉得此计可行,就和刘备断绝了关系,转而称臣于曹操。之后,吕蒙白衣渡江,俘杀关羽,占领了整个荆州。曹操奏请献帝封孙权为骠骑将军、荆州牧,并授孙权南昌侯的称号。

221年,刘备登基称帝,接着就起兵攻打东吴,以报荆州被占、关羽被杀之仇。孙权一边抗击刘备,一边和魏文帝曹丕商谈称臣一事,以免两面受敌。孙权还命大将陆逊领兵抗击刘备,两军激战于夷陵,最终刘备大败,于白帝城病亡。接着,孙权不再称臣于曹魏,而是再次和蜀汉联手,两次打败南下的曹丕军队。孙权以自己的才智,随机应变,使得东吴在乱世中占据主动地位。他不仅扩大了自己的领地,稳固了自己的政权,还为之后创立吴国打下了牢固的根基。

审时度势,建立吴国

223年,东吴重臣奏请孙权,希望孙权登基为帝。孙权觉得时机尚不成熟,拒绝称帝。孙权的忧虑不无道理,当时野心勃勃的曹魏和蜀汉都不会甘心只统治他们的领地,他们正在休养生息,为一统天下作部署。要是孙权现在登基为帝,曹魏和蜀汉一定会一起发兵攻打东吴,这样孙权就会两面受敌,根本无力对抗,因此他决定暂缓称帝之事。229年,曹丕已过世,东吴和蜀汉的盟友关系也已牢固,孙权终于登基为帝,建立了吴国,改年号黄龙。

▼ 南京石头城遗址

赤壁之战后,孙权将治所迁至秣陵(今南京),次年就在清凉山原有城基上修建了著名的石头城,作为吴军最主要的水军基地。

少年读全景
资治通鉴故事 4

魏纪·晋纪·宋纪·齐纪·梁纪·陈纪　　魏纪　　诸葛亮兴蜀结吴

魏纪
诸葛亮兴蜀结吴

刘备去世后,诸葛亮临危受命,辅佐后主刘禅处理朝政。他以身作则,论功行赏,赏罚分明;任人唯贤,在选拔和任用官吏上非常小心谨慎;广开言路,注重听取属下的想法;同时和东吴摒弃前嫌,再次联手抗曹,为蜀汉赢得了相对和平的发展环境。在诸葛亮的治理下,国内局势渐渐稳定下来。

依法治国,振兴蜀汉

刘备去世后,诸葛亮临危受命,他面对的是一个经济破败的国家。在夷陵之战中大败后,蜀汉势力明显受挫,国内的一些地主也借机兴兵叛变,南中地区的南蛮更是跃跃欲试,想要侵犯蜀地。而在关中的曹魏势力积蓄了大量兵马,内部安定的孙权势力也极有可能逆江西上。蜀汉这个三国中实力最弱的政权危机四伏,处于风雨飘摇之中。

面对这一切,诸葛亮忧心忡忡却镇静自若。他自辅佐朝政后,就把"法治"作为管理国家的关键。所谓"法治"就是依据律法治国,强化中央集权,稳固朝政。为了稳固朝政,诸葛亮还与法正等人依据秦汉旧律,共同制订了法典——《蜀科》。他素来赏罚严明,非常重视选拔廉吏,力求从源头上避免赏罚不明、无功得赏、权贵免责等现象的出现。

诸葛亮还以身作则,做到赏罚必信。228年,蜀汉首次北伐时,马谡由于违令抗敌丧失了街亭,此战大败,马谡也因此被斩首。诸葛亮觉得自己用人不当,也有过错,为了昭示自己的决心,他奏请刘禅,自降三级。由于诸葛亮坚持"科教严明,赏罚必信",整个蜀汉的坏习气大都被清除了,官吏的工作效率也有所提升,蜀汉的统治也因此渐渐稳固。

▶诸葛亮像
诸葛亮(181~234),字孔明,号卧龙,琅琊阳都(今山东临沂沂南)人,三国时期蜀汉丞相,中国古代杰出的政治家、军事家、战略家、散文家、外交家。

少年读全景
资治通鉴故事 4

▶▶ 魏纪·晋纪·宋纪·齐纪·梁纪·陈纪   ▶▶ 魏纪   ▶▶ 诸葛亮兴蜀结吴

集思广益，任人唯贤

除了以法律治理蜀地外，诸葛亮还建议皇帝广开言路，积极听取文武百官的谏言。在处理军政大事时，诸葛亮也十分看重各位大臣的建议。首次北伐惨败而回后，他特意写了一篇文章，名叫《劝将士勤攻己阙教》。在这篇文章中，他首先指出北伐失败是自己部署不当导致的，并希望所有的将士都能够随时指出他的毛病和过失，这样才能集思广益。人们很敬佩他这种虚怀若谷、严于律己的品行。

在选拔和任用官员上，诸葛亮以前朝的任人唯亲为鉴，把任人唯贤当作准则，摒弃家世、资历等限制，注重考察官吏的人品和才能。他先后提拔了一批具有才智且效忠朝廷、气节高尚的人入朝为官，如蒋琬、费祎、姜维、杨洪等，他们为此后蜀汉的复兴做出了重大的贡献。

此外，诸葛亮主张兴修水利，鼓励发展农业、商业。这些举措使得原本亏空的国库逐渐充盈起来。由于诸葛亮品德和才能俱佳，因此在他治理下的蜀汉在很长一段时间里呈现出朝政稳固、社会安定的局面。

邓芝出使，蜀吴复盟

当初，刘备去世后不久，诸葛亮就开始准备恢复与东吴的联盟，以此来解除东吴的威胁，也可避免曹魏来袭。尚书邓芝与诸葛亮不谋而合。由于邓芝"清严有治绩"，颇具政治头脑，因此诸葛亮封他为中郎将，命他出使东吴，以期与孙权重修旧好。

223年，邓芝来到东吴。邓芝知道孙权心有疑虑，于是将蜀吴联盟的重要性娓娓道出，句句在理。他阐述道："大王您是个顶天立地的豪雄，

▲ 成都武侯祠

成都武侯祠又名汉昭烈庙，始建于223年，是纪念三国时期蜀汉皇帝刘备和丞相诸葛亮君臣的合祀祠宇，也是我国唯一的君臣合祀祠庙。

诸葛先生也称得上是天下豪杰。现在蜀吴两国占领了四州（蜀汉占领了益州，东吴占领了扬州、荆州、交州），蜀汉能够据险守城，东吴也可依靠长江这道天险，倘若我们联合双方的优点，蜀吴两国唇齿相依，进可夺得天下，退可鼎足而立，这有什么不好吗？大王要是还像现在这样的话，魏国必定会让您去朝拜或让东吴太子去做质子，一旦您不答应，曹丕定会南下征讨东吴，蜀汉也一定会趁机攻打你们。那时，东吴将腹背受敌，大王要如何守住江东呢？其中的利弊希望大王可以仔细考虑一下。"听完这番话，孙权很长时间都没有说话，他也认为这话合情合理，因此决定再次和蜀汉结盟，还命使者出使蜀汉。从此，蜀吴两国摒弃前嫌，重结联盟，关系大有改善。

东吴和蜀汉再次建立联盟后，南中地区的雍闿等叛变势力失去了东吴的支援，不久就被诸葛亮消灭了，南中地区恢复稳定为诸葛亮日后北伐曹魏奠定了基础。

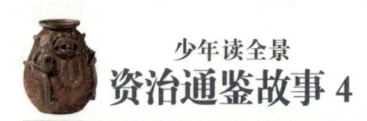

魏纪·晋纪·宋纪·齐纪·梁纪·陈纪 　 魏纪 　 诸葛亮七擒孟获

魏纪
诸葛亮七擒孟获

吴国与蜀汉再次联手后，为了镇压南中地区少数民族的叛变，诸葛亮率兵征讨南中地区。在短短两个月的时间里，诸葛亮就占领了越嶲、永昌等地，基本消灭了叛兵，只有孟获还率领少数反抗势力顽固抵抗。为了让孟获心悦诚服，彻底征服南中地区的反叛势力，诸葛亮七擒孟获，七次将其放回，为后世留下了一段佳话，《三国演义》中有非常精彩的描写。

亲力亲为，南征平乱

夷陵之战后，蜀汉损失惨重，益州郡强权势力雍闿就借机起兵叛变，他还煽动南中的少数民族首领孟获和自己一同叛变。后来，蜀汉与孙吴恢复联盟，经过两年的准备后，诸葛亮亲率大军南下征讨雍闿。临行前，驻守成都的参军马谡献计道："南中地形险峻、偏僻，雍闿等人早就想叛变朝廷。现在我们靠武力将他们征服了，他们日后定会再次叛变，武力镇压乃是下策，让他们心悦诚服才是上策，因此此次出征的目的不在攻城略地，而在拉拢人心，丞相觉得如何？"诸葛亮称赞道："我也是这么想的，孟获在蛮夷之地有着很高的名望，我们应该化敌为友，让他诚服于我们，为我所用。"

▶诸葛亮七擒孟获
诸葛亮七擒孟获，平定了蜀汉南中地区的叛乱，保证了北伐战争中后方的稳定。

诸葛亮率兵南下攻打雍闿时，大军所到之处势如破竹。他先命李恢、马忠两员大将镇压了越嶲等郡的叛变，铲除了高定等军阀，接着命人探得了孟获的具体作战计划，并得知孟获是个有勇无谋之人。于是，诸葛亮据此制定了具体的作战策略。

七擒七纵，收服人心

一日，蜀军将领王平突袭孟获营地。孟获匆忙迎敌，双方才打了几个回合，王平就调转马头逃

| 魏纪·晋纪·宋纪·齐纪·梁纪·陈纪 | 魏纪 | 诸葛亮七擒孟获 |

▶ 双耳朱提堂狼铜洗

铜洗内刻有"朱提堂狼"字样。朱提郡在今云南昭通一带，堂狼为朱提郡内的一座山。铜洗为当地常见的日用品，作用大概与汉人所用的盆相同。

跑了。孟获趁势追击，追到半路时，埋伏于此的蜀军杀了出来，把孟获军打得四散而逃，擒住了孟获。蜀军把孟获押到中军大帐，孟获以为自己必死无疑，可没想到，诸葛亮却亲自为他松绑，并好心劝他归降蜀汉。孟获不甘心地说："这次是我自己大意，所以才上了你的当，我怎么可能臣服于你呢？"诸葛亮笑着说："这样也好，那我们就再打一仗。"接着他陪同孟获一起察看了蜀军的营地和阵势，并问孟获："你觉得我们的兵马怎样？"孟获傲慢地说："之前我不知晓你军的情况，所以让你们得胜了，现在我已经知道了你军的阵势，自然心里有数，定能打败你们。"诸葛亮大笑道："你如果真这样认为，就快回去部署作战策略吧，我们战场上再见。"

孟获返回营地后，发誓要一雪前耻。他挑选了一支作战能力极强的队伍。一天夜里，月黑风高，孟获亲率精兵去突袭蜀营。当他到了蜀营时，仍未有蜀军拦截，孟获大喜。他一挥军刀，将士们蜂拥而上，冲杀进蜀营，却发现营内空无一人，孟获这才知道自己又上当了，于是赶紧下令撤退。就在这时，蜀营周围火光四起，蜀军排山倒海般地袭来，将孟获军团团包围，孟获再次被擒，又被押至蜀军帐内。诸葛亮问他："你服气吗？"孟获答道："这次是我自找苦吃，要是我们在沙场上实实在在地较量一番，我才会认输。"诸葛亮不想强迫他，就又为他松了绑，还用好酒好肉款待了孟获和他的士兵们。饭后，诸葛亮对他说："行了，你们回去吧，我们以后再战。"

经过这两次的较量，孟获领教了诸葛亮的谋略，因此不再敢莽撞出战。他率兵撤退到了泸水南岸，并在此用泥土垒建营地于此，他心想："泸水是一道天险，加上蜀军来自北方，定会水土不服，现在正值酷夏，疫情肆虐，蜀军定不能在此长留。"就在孟获神气十足、高枕无忧时，诸葛亮命一队将士来到泸水北岸，假装要渡到南岸去，以此来引诱孟获的主力。接着诸葛亮又命两路精兵分别自泸水上游和下游水流缓慢处偷偷地渡到南岸去，两面夹击孟获军。孟获军后方没有任何防御，他们以为来袭的蜀军是下凡的天兵天将，顿时乱了阵脚。蜀军很快占领了孟获的营地。

孟获再次被俘，可他还是强词夺理道："汉人真是太狡诈了，我的后方毫无防备，可你们却突袭我们，我还是不会臣服于你们的。"诸葛亮又一次放了他。就这样，诸葛亮连续七次擒住了孟获，又放了他七次。最后一次被诸葛亮释放时，孟获为之所动，泪流满面地说道："丞相对我仁至义尽，我极为敬佩，今后我们南人将永不叛变。"诸葛亮大喜，赶紧命将士设下宴席以庆祝此事。在宴席上，诸葛亮庄重地说道："蜀军会退出现在所占领的所有土地，这里仍由孟获统辖。"此后，南中地区安定团结，蜀汉再无后顾之忧。

少年读全景
资治通鉴故事 4

▶▶ 魏纪·晋纪·宋纪·齐纪·梁纪·陈纪　　▶▶ 魏纪　　▶▶ 诸葛亮挥泪斩马谡

魏纪
诸葛亮挥泪斩马谡

诸葛亮平定了南中地区的叛乱后，计划北伐曹魏。正在此时，曹丕病亡，其子曹叡登基，即魏明帝。诸葛亮认为攻打曹魏的时机已经成熟，遂率兵北上。临走前，他写了一篇表文呈给后主刘禅，以此来表达自己想要统一天下的决心，这篇表文即是闻名后世的《出师表》。在赶往祁山的途中，蜀军战无不胜，吓得曹军落荒而逃。但因为马谡大意失街亭，使诸葛亮刚刚占领的天水、南安、安定三郡又被夺走，蜀汉首次北伐宣告失败。

呈出师表，首征祁山

南中平定，吴蜀联盟日趋巩固，这样蜀汉就没有了后顾之忧。精心准备多年后，227年冬，诸葛亮率兵进军汉中，开始实施整个北伐战略。

出征前，诸葛亮给后主刘禅呈上一篇表文，这就是闻名后世的《出师表》。在《出师表》中，诸葛亮告诉后主要有远大抱负，不要妄自菲薄，要亲近贤士，远离小人；还郑重表明自己会担起复兴汉室的重担。

此次北伐，诸葛亮采用声东击西之计，命赵云、邓芝假装进占箕谷，攻击郿城（今陕西眉县）。魏将探得此事，信以为真，就立即命主力大军前去驻守郿城。诸葛亮则亲率主力兵马从西路突袭祁山（今甘肃礼县）。

蜀军在诸葛亮的潜心操练下，不仅军容齐整，而且士气旺盛。刘备去世后，蜀汉很少出兵攻打他国，因此魏国也没有做充分的防御工作。此次蜀军突袭祁山，驻守祁山的魏军自然招架不住，相继大败而撤。蜀军趁势追击，祁山北边天水、南安、安定等三个郡的将领都相继归降于诸葛亮。

蜀军所到之处势如破竹，魏国朝廷为之震惊。当时，魏文帝曹丕已经病亡，他的儿子魏明帝曹叡赶紧命大将张郃带领五万兵马赶去祁山抗击敌军，并御驾亲征，前去长安监督作战。

诸葛亮占据祁山后，

▲孔明挥泪斩马谡
诸葛亮为了蜀汉鞠躬尽瘁，可百密终有一疏，命马谡守街亭是他一生中少有的重大失误。

下一步打算攻打长安，他命一路兵马前去驻守街亭，以此作为据点。街亭是进出汉中的重要关卡，是兵家必争之地，在攻打长安一战中起着关键的作用。可让谁领兵去驻守街亭呢？诸葛亮考虑再三，最终舍弃了那些经验丰富的老将，而选择了参军马谡。

马谡通晓典籍，平日里也喜好谈论兵法，为此诸葛亮常常叫他来与自己一起商议兵事。他很有见地，颇具谋略，因此一直很得诸葛亮的信赖。

刘备生前发觉马谡浮躁，不踏实，因此临死时曾嘱咐诸葛亮："马谡言过其实，难成大事，不要对他委以重任，要多加观察。"可诸葛亮并没有太在意，这次他命马谡做前锋时忽然想起了刘备说过的话，因此又封王平做了马谡的副将，还在临行前多次叮嘱马谡，让他加强守卫，坚守街亭。

痛失街亭，北伐告败

马谡和王平带着兵马来到了街亭，正赶上张郃率魏军从东方迎了过来。马谡察看了一下地势，就自作主张道："这个地区地势险峻，街亭边上有座山，我们在山上驻兵，伏击敌军。"王平劝告他要按照诸葛亮的嘱托部署作战计划，不可依山扎营，而应在道口安营扎寨。马谡没有作战经验，认为自己通晓兵法，因此根本听不进王平的告诫，固执地在山上扎营，只分了一千兵马给王平，命其在附近山下扎营。

此时，张郃带领十万兵马到了街亭。他见马谡弃守完好的城池而在山上扎营，内心暗暗高兴，并立即命属下兵将在山下扎营，包围马谡，切断水源，让蜀军无法下山，更无法补充军粮。

马谡这时才慌了手脚，命将士冲下山去，以此突围。可张郃率魏军死守营地，蜀军多次突围

未果，损兵折将，损失惨重。

没有了水源和军粮，蜀军逐渐失去了气势，军心动摇。张郃抓住时机，与蜀军展开激战。此时，蜀军早就没有了作战的意志，四散而逃，马谡无法阻挡蜀军溃逃，只得带着残兵败将逃跑。

王平闻听马谡战败，就命将士竭力敲鼓，佯装出兵之势。张郃怕遭到蜀军伏击，不敢靠近王平兵马。王平整队，从容不迫地向后撤兵，一千兵马完好无损，沿途还接纳了很多马谡部下的散兵。

但是街亭失守，不但使蜀军失去了进攻长安的战略据点，还使其原定的作战部署被打乱了。为了避免更大的损失，诸葛亮决定将蜀军全部撤回汉中。

挥泪斩马谡

返回汉中后，诸葛亮详细地询问了街亭失守的缘由，才知此事都是马谡之过，要不是他擅自做主，不按规定行事，街亭就不会失守。马谡也觉得是自己的错误指挥才使街亭失守。尽管诸葛亮和马谡的私交很深，可他没有因私情而违反军纪，坚决地把马谡投进了牢里，接着他又依照军法处死了马谡。在此次战役中，王平不仅尽力劝说马谡，在撤兵时又巧施计策保住了一千兵马，立下了大功，因此诸葛亮升王平为参军，命其统领无当飞军。

之后，诸葛亮又奏请刘禅以自己用人不当、致使北伐失败为由降罪于自己，他还自请降职三级。此后，诸葛亮的职位变为右将军，但仍处理丞相之事。

后来，蒋琬赶到营中参拜诸葛亮，并问道："目前战事不断，天下动荡，正是急需将领之时，可您却把马谡这么有能力的人给杀了，您不惋惜

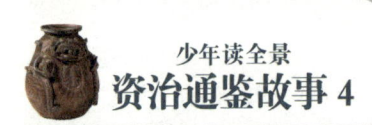

少年读全景
资治通鉴故事 4

魏纪·晋纪·宋纪·齐纪·梁纪·陈纪　　魏纪　　诸葛亮挥泪斩马谡

吗？"诸葛亮叹道："春秋时，孙武因军纪严明才屡获胜利。如今我们以法治国，要是不严明纪律的话，又如何征讨外敌呢？祁山一战，我军惨败而回，这都是因为我用人不当。日后我们要更加谨慎，这样的错误绝不可再犯。"此后，诸葛亮就留驻汉中，并积极操练将士，整饬军队，其间他还储存军粮，等待时机再次北伐。

诸葛亮为了蜀汉鞠躬尽瘁，可百密一疏，命马谡守街亭是他一生中少见的重大失误。马谡清高自傲，不听取别人的意见，肆意妄为，不仅使得战事惨败，更让自己身败名裂。

▶诸葛亮撤兵

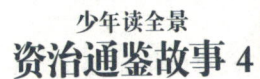

魏纪·晋纪·宋纪·齐纪·梁纪·陈纪　　魏纪　　诸葛亮之死

诸葛亮之死

魏纪

首次北伐受挫后，诸葛亮又率兵多次北伐，但终因蜀汉兵力太弱，未能成功。第五次北伐时，诸葛亮因积劳成疾病死在五丈原。唐人杜甫写道："出师未捷身先死，长使英雄泪满襟。"诸葛亮为了兴复汉室，鞠躬尽瘁，死而后已，他的辞世给蜀汉造成了不可估量的损失。

秋风五丈原

229年，在曹丕、刘备相继称帝后，孙权也建吴称帝。蜀汉的大臣们觉得孙权称帝影响到了蜀国的利益，因此要求解除与东吴的盟友关系，并主张起兵攻打东吴。诸葛亮据理力争，认为曹魏才是蜀汉目前最大的敌人，所以蜀汉应和东吴继续结盟合力征讨曹魏，这样蜀汉才不会腹背受敌。

此前，蜀军北伐无功而返，诸葛亮分析战败的原因，发现失败与蜀地山道坎坷、军粮供应不上有关。他仔细分析了当时的作战形势，做好长期作战的准备，并亲自制作了"木牛""流马"等运粮战车。这两种战车轻巧灵便，非常适应蜀地的山川地势，使得蜀军能很容易地将大量的军粮运送到斜谷口贮存起来。

234年，在做好了充分的作战部署后，诸葛亮率领十万兵马开始了他的最后一次北伐，即第五次北伐。此前，他曾命使者赶往东吴，请求孙权和自己一起攻打曹魏，这样曹魏就会两面受敌。

出了祁山斜谷口后，诸葛亮让将士扎营于渭河南岸的五丈原；接着他又派一些将士在渭河南岸屯田垦荒，与那里的百姓共同耕种。由于诸葛亮军纪严整，因此将士们和当地的百姓相处得十分融洽。在收到诸葛亮的请求后，孙权就立即命

◀诸葛亮雕像
诸葛亮雕像位于山东省临沂市。

少年读全景
资治通鉴故事 4

▶▶ 魏纪·晋纪·宋纪·齐纪·梁纪·陈纪　　▶▶ 魏纪　　▶▶ 诸葛亮之死

▶ **（三国）青瓷楼台百戏堆塑罐**
出土于江苏金坛。罐体由上下两部分粘接而成，通体施青釉，釉色纯净，制作手法有堆、塑、雕、贴、模、印等，工艺水准相当高。这类青瓷堆塑罐由汉代五联罐演变而来，是三国两晋时期长江中下游地区墓葬中特有的随葬明器，是象征沟通生与死、人间与天上的器具，也是陶瓷工艺品将宗教、政治与艺术结合在一起的例证。

三路将士攻打曹魏。曹魏也命司马懿率兵抗击蜀军，司马懿扎营固守五丈原，不肯出战。

在五丈原，蜀军和魏军形成了对抗之势。诸葛亮多次让蜀军前去挑战，可魏军始终固守不出。此后的一百多天里，两军就这么一直对峙着。

司马懿巧探孔明

此后，诸葛亮想用激将法让魏军速来迎战，于是他命人送了一套女人用的胭脂水粉给司马懿，借此讥讽司马懿是个懦弱无能、胆小怕事、贪生怕死之人。这一举措果然惹恼了魏军，他们见主将被羞辱，纷纷要求出战。可老谋深算的司马懿很清楚这只是诸葛亮的激将法，因此他并不生气，只对将士们说迎战须先经魏帝同意，以此来压制魏军的冲动行为。接着，他又假装殷勤地问蜀军的使者："你们丞相最近很忙碌吧，身体还安康吧？"使者不懂他的意图，就诚实地说道："丞相最近非常忙碌，凡是重罚卷宗，他都要亲自披阅，每日晚睡早起，没有什么胃口，吃得很少。"使者离开后，司马懿笑着对属下说道："诸葛亮事务缠身，休息不好，饮食不佳，这么下去，他恐怕快坚持不下去了。"

司马懿不提军务，只靠询问作息，就推断出诸葛亮的状态，知道他身体坚持不了多久，的确算得上是老谋深算。

诸葛亮的确很累，他像是蜀国的大管家，事无巨细，都要亲自过问。他不仅要应对纷乱的局势，保住刘备辛苦打下的蜀汉江山，还要辅佐不成器的刘禅处理政务，政事、军事一样都不能耽误。这些重担致他心力交瘁，最终在五丈原卧床不起。

后主刘禅得知丞相病情恶化，赶紧命朝臣李福昼夜兼程赶往五丈原。李福看着卧病在床的丞相甚是伤心，诸葛亮说道："我知道你要说什么。你想问谁能接替我的职位，那就蒋琬吧。"李福赶紧问道："丞相说得对，那么蒋琬过世后，谁来接任呢？"诸葛亮答道："费祎应该能担此重任。"说完，他就紧闭双目，不说话了。

鞠躬尽瘁，死而后已

不久，为兴复汉室而献出毕生精力的诸葛亮离开了人世，终年五十四岁。

依照诸葛亮临死前的嘱托，蜀军将领姜维等人并没有立即将他死亡的讯息公之于众，他们命人将诸葛亮的木质雕像置于车内，接着安排各路大军井然有序地后撤。

司马懿认为诸葛亮已经病逝，马上率魏军追击蜀军。他们才过了五丈原，就发现蜀军旗帜突变方向，顿时鼓声震天，只见蜀军各路兵马扭头杀了过来。司马懿惊恐不已，以为这是蜀军设下的陷阱，于是命魏军赶紧调头，急速后撤。这就是"死诸葛吓走活仲达"之说的来历。

姜维见魏军都撤走后，才命蜀军继续后撤。而后，蜀军全部回到了汉中。事后，司马懿感叹道："诸葛亮真是天下的奇人呀！"

诸葛亮是蜀汉政治集团中至关重要的人物，他的辞世给蜀汉造成了不可估量的损失。尽管他没能完成北伐大业，可他却名垂后世，流芳千古。

之后姜维多次领兵北伐，可他每次只是出兵攻打偏僻的陇西，因此不管是气势上还是影响上都和诸葛亮领导的北伐相差甚远。这期间，曹魏讨伐汉中也以失败告终，这也说明曹魏还不具备打破三国鼎立僵局、一统天下的能力。但是随着北方经济不断发展，而蜀汉和东吴却逐步衰落，北方一统天下已成定局。

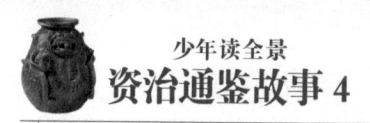

魏纪 刘禅丧国乐不思蜀

诸葛亮去世后，尽管蒋琬和费祎全力协助刘禅治理国家，可刘禅软弱无能，胸无大志，整日饮酒作乐，对国家大事不闻不问，蜀汉国势日衰。这时，宦官黄皓趁机掌控了大权，搞得朝中上下更是乌烟瘴气。263年，魏将钟会、邓艾率军大举进攻蜀汉。邓艾部所向披靡，势如破竹，兵临成都城下，胆小怕事的刘禅打开城门归降。于是，魏军不费吹灰之力就占领了成都，昏君刘禅将刘备、诸葛亮等人经营数十年的蜀汉政权拱手送给了他人。

昏聩无能，断送江山

刘备的长子刘禅，字公嗣，乳名阿斗。刘备去世后，他于成都登基称帝，时年十七岁。刘禅懦弱无能，加上登基时年纪还小，所以将国家所有事务交由诸葛亮、蒋琬、费祎等人全权处理。诸葛亮在世时，刘禅谨记刘备遗训，奉之如父，所以不敢胡来。可诸葛亮过世后，刘禅就开始胡作非为，贪享安逸，不理政事，宦官黄皓趁机得到刘禅的宠信而执掌了大权。黄皓残害贤臣名将，大臣姜维为了自保，只得离开成都。这时，蜀汉人才流失，朝廷又不招纳贤士，国内混乱不堪，因此很快就衰落下去了。

263年，蜀汉国内空虚，魏国趁机兴兵讨伐，大将邓艾屡战屡胜，接连占领了江油和绵竹，迫近成都。危急时刻，为了能够活命，刘禅竟献出了玉玺，率领群臣归降了魏国，就这样拱手把蜀汉送给了魏国。

蜀汉覆灭后，后主刘禅暂时还留守成都。之后，魏将钟会和假意投降他的姜维策动政变，想在成都自立，但未成功。生性多疑的司马昭当时执掌魏国大权，他从中得到警示，觉得让刘禅留守成都不是上策，如此可能后患无穷，因此就命人将刘禅"请"到了洛阳。

到了洛阳后，司马昭以魏元帝之名封刘禅为安乐公。刘禅原本胆战心惊，害怕去了洛阳就会丢掉性命，可出乎意料的是，司马昭不仅没有处斩他，还赏赐了宅院和薪俸，并拨了一些奴仆给他，接着又封刘氏子孙和蜀汉旧臣五十多人为侯。此后刘禅就安心了，并非常感激司马昭和魏帝，从此长住洛阳。事实上，司马昭这样做，只是为了拉拢民心，好让人们都知道自己的善举，借此稳固原蜀汉地区的局势。

乐不思蜀的败家子

一次，为了试探刘禅，司马昭设宴招待刘禅和蜀汉旧臣。席间，司马昭特意让一些歌女表演蜀地的歌舞。在优美的音乐声中，歌女们翩翩起舞，这勾起了很多蜀汉旧臣的思乡之情，思乡之心和亡国之痛交织在一起，使得他们纷纷落泪，可刘禅却陶醉其中，还不停评说谁唱得好，谁跳得好，兴起时，甚至会手打节拍，跟着哼唱。蜀汉旧臣见他这个样子，都非常痛心和无奈。司马昭静观眼前这一切，并问刘禅："您到洛阳很长时间了，不想念蜀地吗？"刘禅毫不在意地答道："这里很好，我很愉快，根本就不会想念蜀地。"司马昭听完，心里暗想，没想到刘禅这位亡国之君竟然丝毫不思念故土。司马昭对自己的亲信慨叹道：

魏纪·晋纪·宋纪·齐纪·梁纪·陈纪 ▶▶ 魏纪 ▶▶ 刘禅丧国乐不思蜀

"之前虽听说过刘禅昏庸腐败，没想到他竟如此没有志向，就算诸葛亮活到这个时候，怕也不能挽救蜀汉政权了。"

蜀汉群臣对后主刘禅这种窝囊的表现感到痛心和不满。郤正对刘禅说道："您是高祖之后、先帝之子，尽管蜀汉灭亡了，我们被迫依附于别人，可也不能遭人嘲笑。要是司马昭再问您想不想念故国，您就含泪说'蜀地还有先人的陵墓，尽管我无法去拜祭，可我时时都在想念着他们'。您在说这话时一定要表示出很哀伤的样子。"刘禅听后，就点头答应。

一日，司马昭又问刘禅："您在这里住得惯吗？想念故国吗？"刘禅记起了郤正的教导，就照着他的话说了一遍。虽然他竭力想表现出很悲痛的表情，可怎么也流不出泪来，于是就紧闭双目想挤出眼泪。司马昭见他样子很怪异，早已猜出了个大概，因此就笑着说道："您这语气和神情好像郤正。"刘禅听完这话，立即睁开双眼，惊异地问道："您是如何知道的？我就是照他说的做的呀！"刘禅说完，司马昭和随从们都不禁笑了起来。

司马昭认定刘禅是个昏聩无能之人，根本不会威胁到自己的统治，所以不再提防他。刘禅也因此而幸免一死，长居洛阳，寿终正寝，被后人称为"扶不起的阿斗"。

▼阿斗柏
传说蜀汉灭亡后，后主刘禅被押往洛阳，途中曾在这棵柏树下躲雨。蜀汉百姓怨恨刘禅愚懦，迁怒于这棵柏树，曾试图将其烧掉。

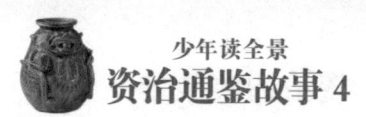

魏纪 高平陵政变

魏国第二代皇帝明帝去世后，其养子曹芳登基为帝，时年八岁，司马懿和曹爽共同辅政。由于新帝年幼无知，无法处理朝中事务，这两个权势极大的老臣趁机扩张自己的势力，都想独揽大权。在这场尔虞我诈的争斗中，司马懿终占上风。249年，曹爽去高平陵祭拜，司马懿乘机策动政变，掌控了洛阳，消灭了曹爽等人。此后，司马氏家族独揽了曹魏朝政。

两臣辅政，互相排挤

239年，魏明帝曹叡于洛阳病逝，曹芳登基为帝，即魏少帝，时年八岁。按照先帝的遗训，大将军曹爽和太尉司马懿一起辅佐新帝处理政务。

司马懿才能超群，还是三朝元老，在曹操掌权之时，就曾协助曹操实施屯田，接着又在曹丕废除献帝、建立魏国、登基称帝的过程中作出了重要的贡献，因此深得文帝和明帝的信赖。

曹爽是已经过世的大司马曹真的儿子，按辈分来说，是魏少帝的皇叔。曹爽觉得自己是皇亲国戚，权位高过司马懿，因此一心想除掉司马懿，独揽朝政。因为司马懿在朝中德高望重，所以曹爽起初并不敢明目张胆地排挤他，碰到事情还会征询他的意见，不敢太过独断专行。渐渐地，曹爽开始和属下暗中策划从司马懿手里夺回大权。于是曹爽奏请少帝，说司马懿乃本朝老臣，不存二心，应尊奉他为太傅，少帝同意了。太傅名义上比太尉官职高，可实际上只是个没有实权的虚职。从此，曹爽独揽大权。司马懿对此非常气愤，可也没有什么办法改变局面。不久，曹爽又封其弟曹羲为中领军、曹训为武卫将军，让他们统帅禁卫军，他的其他亲属也都相继加官晋爵。曹爽如此大张旗鼓地发展自己的势力，引起朝中其他权臣的不满，渐渐地，大家就开始忌惮他了。

钩心斗角，司马装病

司马懿实在看不惯曹爽的独断专权，但碍于现在的身份又不便出面阻止曹爽，因此就干脆谎称自己旧病再犯，回家治病去了。从表面上看，他好像不再关心朝中大事，实际上他另有打算，正在努力拉拢亲信，伺机而动。

不久，为了祭拜先帝，少帝决定启程赶往高平陵。为了皇帝能顺利出行，祭祀典礼能成功举行，曹爽竭尽所能地做着相应的工作。闲暇时，他还担心司马懿是在装病。正巧自己的亲信李胜被调派到荆州做刺史，曹爽就命其前去打探情况。司马懿早就猜到了李胜来访的目的，因此他将计就计，蓬头垢面地躺在床上不起来。

▶ 司马懿像
司马懿，字仲达，河内温县孝敬里（今河南温县）人，三国时期魏国杰出的政治家、军事家。其孙司马炎篡魏后，追尊其为晋宣帝。

少年读全景
资治通鉴故事 4

魏纪·晋纪·宋纪·齐纪·梁纪·陈纪　　魏纪　　高平陵政变

▲（魏晋）木几
新疆尉犁营盘古城魏晋墓出土，呈椭圆形，四足，面稍凹，有榫。

李胜到来后，司马懿就病怏怏地倚靠在床上接待他。和李胜说话时，他故意胡说八道，装出一副语无伦次的样子；侍者服侍他穿衣时，他假装颤颤巍巍地连手臂都伸不直，还把衣裳弄掉了；侍者伺候他吃粥时，他也假装吃不进去，嘴角边流满了粥，甚至连胸前也洒满了粥。司马懿惟妙惟肖的表演骗过了李胜，李胜相信他真的是个行将就木的人了。之后，李胜将自己见到的情形原原本本地禀告了曹爽，还说道："司马公说话语无伦次，形神涣散，就只剩一副病怏怏的身体了，我看他活不了几天了。"曹爽听完非常高兴，从此不再防范司马懿，而且更加肆意妄为。

司马懿顺利地蒙骗了曹爽后，就着手部署策动政变。司马懿的大儿子司马师是中护军，统率着京城的一些禁卫军。司马懿认为自己势力太弱，就暗地里招收蓄养了三千名死士，让他们分散在洛阳城的各个地方，等候命令。曹爽和他的党羽独揽朝政，朝中大臣多有不服。司马懿抓住这个时机，又命人暗中联络太尉蒋济等人，并得到了他们的响应和支持。

起兵夺权，曹爽被杀

249年正月，少帝曹芳依照安排乘车去拜祭明帝陵，曹爽和他的两位弟弟及朝中的文武大臣随同前往。皇帝率大队车马浩浩荡荡地奔向了位于洛阳城南边的高平陵。

出发前，素有"智囊"美誉的大司农桓范劝告曹爽说："大将军，你们兄弟几人最好不要一起离城，如果城中出了什么事端该如何是好呢？"可曹爽不以为然："谁有胆量这么做？"他觉得自己无人可敌，就草率地带领众人离开了京城。没想到，事情果真被桓范言中了。见少帝和曹家兄弟全部离开了京城，司马懿抓住这个机会，和他的两个儿子一起策动了政变。

司马懿封司徒高柔为大将军，命其占领曹爽的营地；封太仆王观为中领军，命其占领曹爽弟弟曹羲的营地。如此一来，司马懿就控制了曹氏

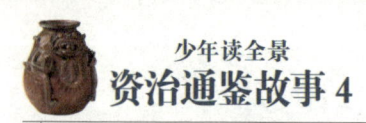

魏纪·晋纪·宋纪·齐纪·梁纪·陈纪　　魏纪　　高平陵政变

兄弟手上的所有兵士。司马懿还命人紧闭洛阳的全部城门，接着又亲自带领将士占领了洛水浮桥，切断了曹爽等人的归路。之后，司马懿命人将经太后批示的奏章送给了皇帝曹芳。奏章中罗列了曹爽的全部罪行，并说太后已经同意罢免曹爽兄弟的职位。司马懿还命侍中许允、尚书陈泰等人劝告曹爽交出兵权，这样他才能保住爵位，还可返回洛阳的宅院，否则将按照军法处决。

收到奏章时，曹爽根本没有任何心理准备，顿时慌了手脚。此时，驻守洛阳的将军司马鲁芝、参军辛敞、大司农桓范逃到了曹爽军营。

司马懿听说桓范逃跑了，忧虑地对蒋济说道："桓范跑到曹爽那里去了，这该如何是好？"蒋济笑了笑，答道："尽管桓范很有谋略，可曹爽这个人目光短浅，还贪恋禄位、家室等眼前利益，根本就不可能听从他的意见。"

事情真如蒋济所言。曹爽此时垂头丧气，毫无斗志。桓范劝说曹氏兄弟把皇帝迁到许昌，接着再调遣外地的兵马来对抗司马懿；还分析说曹爽手中有司农印，根本不用忧虑军粮等后方供需之事。可不论桓范如何劝告，曹爽等人依旧举棋不定，最后竟然打算向司马懿投降，只求保全性命和家财。

见曹氏兄弟如此无能，胸无大志，桓范就号啕大哭道："曹子丹（即曹真）当年何等英勇无畏，他怎么会有你们这样的儿子！如今，我这个老头子也要被你们牵累而惨遭灭族了。"

曹爽放弃兵权后，司马懿不仅不遵守承诺，还软禁了曹爽等人，并命人严密监控他们的一举一动。曹爽见爵位、家财难保，便只想保全性命，苟且偷生。可司马氏一家在搜罗了曹爽谋反的一些证据后，就以犯上作乱为名处死了曹爽及其党羽，并诛他们的三族。

在高平陵政变中，司马懿彻底铲除了曹爽集团。司马氏家族不仅掌控了军政大权，还牢牢地掌控了曹芳这个有名无实的皇帝，从此权倾朝野，无人能及。

▼（魏晋）驿使图画像砖
出土于甘肃省嘉峪关市5号魏晋墓。

少年读全景
资治通鉴故事 4

▶▶ 魏纪·晋纪·宋纪·齐纪·梁纪·陈纪　　▶▶ 魏纪　　▶▶ 司马昭之心

魏纪
司马昭之心

司马懿去世后,其子司马师接任他的位置掌控了曹魏大权。他注重争取和笼络曹魏势力,沿袭此前的政策法规,因此得到了民众的拥戴。此后,司马师又接连消灭了自己的政敌,并废掉了曹芳,让年仅十三岁的曹髦登基为帝。司马师去世后,他的弟弟司马昭执掌大权,彻底铲除了反抗司马氏的各方势力,极大地稳固了其专政统治,逐渐显露出改朝换代的野心,时人有云:"司马昭之心,路人皆知。"

横行霸道,独揽朝政

当初,杀了曹爽后,司马懿执掌了魏国大权,可不到两年,他就过世了。其子司马师接替了他,独揽大权。司马氏愈加独断专行,一旦有大臣对他们表示不满,就会立即被杀死。魏少帝曹芳也非常憎恨横行霸道的司马师,知道司马师有篡位之心,想夺回军政大权,铲除祸患。于是曹芳集合亲信重臣,商讨策略,可曹芳还没来得及动手,司马师就胁迫太后,将曹芳废掉,改立曹髦为帝。镇东将军毌丘俭及扬州刺史文钦都对飞扬跋扈的司马师恨之入骨,因此就兴兵攻打他,却都以失败告终。

司马师去世后,其弟司马昭接替他成了大将军,统率全军。和父亲、兄长比起来,司马昭更加跋扈专权。

曹髦看见曹魏皇室威严不再,不甘心只做一个有名无实的傀儡皇帝,因此提笔写下了《潜龙》一诗。诗歌主要讲述了一条因伤受困的龙无法跳出深潭,无拘无束地升天入海,眼看泥鳅、鳝鱼等在面前张牙舞爪,只能深居井底、紧咬牙齿藏起龙爪。曹髦在诗中故以龙自比,表达自己无法施展抱负的抑郁心情。

不料有人向司马昭禀告了此事。司马昭大怒,就在朝堂之上公然呵斥曹髦道:"我司马氏一家为魏国立下了汗马功劳,可你却说我们像泥鳅、鳝鱼?"曹髦听完此话,胆战心惊,司马昭看他不再出声,就冷笑着出去了。

司马昭当着满朝大臣的面羞辱自己,曹髦心中非常恼火,他知道司马昭早晚会废掉自己,自立为帝。因此他召集侍中王沈、尚书王经、散骑常侍王业等朝臣,暗中商讨除掉司马昭的计谋。曹髦

▶ 曹髦驱车死南阙
曹髦年轻气盛,极度不满司马氏专权,率宿卫和奴仆讨伐司马昭,最终惨遭杀害。

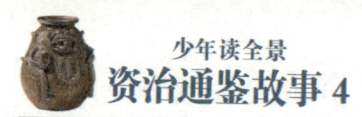

少年读全景 资治通鉴故事 4

魏纪·晋纪·宋纪·齐纪·梁纪·陈纪 ▶▶ **魏纪** ▶▶ **司马昭之心**

愤恨地向他们说道："司马昭野心勃勃，路人都知道。我不能眼睁睁地看着他废掉我，所以才找你们商量对策。"尚书王经劝阻道："司马昭掌握朝政已久，重权在握，我们这么少的人马根本就不是他的对手，请陛下仔细斟酌。"可曹髦年轻气盛，把征讨司马昭的诏书扔在地上，激动地说道："我决心已定，成败在此一举，大不了一死，况且我还未必会死！"次日，曹髦就挥着佩剑，率领宫内的禁卫军、侍从、宦官杀向司马昭的府宅。

侍中王沈和散骑常侍王业害怕祸及自身，将此事禀告了司马昭。

于是，司马昭的亲信贾充率领一队兵马和禁卫军展开了激战。曹髦喝道："朕是天子，你们要弑君造反吗？"贾充的手下见到皇帝后有些胆怯，都没胆量前去阻挡，并纷纷后撤。

贾充的手下成济问怎么处理此事。贾充吼道："司马公养着你们，不就是要你们今天为他效力吗？"在贾充的呵斥下，兵将们立即大举冲杀过去。曹髦被成济手中的兵器刺穿了前胸，当场死亡。

司马昭听闻属下杀死了皇帝，也惊恐万分，立即集合大臣商讨对策。他一边假装悲痛，一边

▼（魏晋）营盘玻璃杯
新疆尉犁营盘魏晋墓出土。此为早期玻璃制品，呈半椭圆形，半透明，有光泽。

魏纪·晋纪·宋纪·齐纪·梁纪·陈纪　　魏纪　　司马昭之心

▼（魏晋）青铜獬豸
甘肃嘉峪关新城魏晋墓出土，身长70.2厘米，高23.5厘米。据说獬豸能分辨是非，驱邪避祟，故古时多用来镇墓。

想着如何收拾残局，同时问尚书左仆射陈泰："这事该怎么处理？"陈泰答道："只有杀了贾充才能向天下谢罪。"

司马昭听完这话，不愿照办，但为平息众怒，就以太后的名义下旨，将贾充贬为平民，并把弑君的罪名全都推到成济头上，随后以犯上作乱之名将他满门抄斩。

司马昭除掉曹髦后，又立曹操后辈中年仅十五岁的曹璜（后改名曹奂）为帝，即魏元帝。魏元帝完全被司马昭掌控，也是个有名无实的傀儡皇帝。

野心实干家，功过待评说

司马昭年少时就跟着其父司马懿南征北战，长时间的军旅生活极大地增加了他的军事才能。和那些世袭王位、娇生惯养的王公贵族比起来，司马昭能更清楚地看清现实，了解当时的社会局面，因此对于如何治国有一定的认识。

后来，司马昭接替其兄的职位，开始掌控朝政，他雄才大略，相继采取了一系列措施来改善魏国的政治和经济。政治上，他修改律令，整顿吏治；经济上，他注重发展农业，倡导节省，关心百姓的生活。此后，魏国国内政治和经济得以稳定发展。

与此同时，司马昭果断地铲除了淮南地区的叛军，尽管这一举动以稳固司马氏政权为目的，但它在客观上也使得民众免遭战争摧残，为经济的发展创造了一个和平的环境。

在平定了国内的叛乱后，司马昭就着手消灭蜀汉和东吴。那时蜀汉国势已经日益衰落，刘禅昏聩无能，蜀汉国内民怨四起，朝廷和民众的矛盾愈加激烈。而魏国司马氏集团统治有力，积极屯田，极大地提升了军事实力，伐蜀的条件日渐成熟。

"分久必合"是中国历史发展的必然方向和规律，结束割据、统一天下是顺乎民意的行动。因此仅用了短短的三个月时间，司马昭就彻底消灭了蜀汉。之后，他又采取顺应民心的措施来治理蜀地，抚慰、拉拢刘禅等人，使得蜀地的社会矛盾有所缓解，蜀地百姓逐渐臣服归顺。

280年，晋武帝司马炎灭东吴，三国归晋，鼎立对峙、战乱不断的分裂局面终于终结了。司马昭在世期间为一统天下做了充足的准备工作，为三国归晋作出了贡献。然而，虽然曹魏政权不稳，但司马昭弑君之举仍属于不仁不义，因此功过是非，也只能留待后人评说了。

魏纪·晋纪·宋纪·齐纪·梁纪·陈纪 ▶▶ 魏纪 ▶▶ 曹魏名将邓艾

邓艾是曹魏出色的将领，他才智过人，骁勇善战，常常替司马懿、司马昭出谋划策，为曹魏击败蜀汉立下了汗马功劳。但他因此也招来了同僚的嫉恨和生性多疑的司马昭的猜忌，最终落得身死家灭的结局。

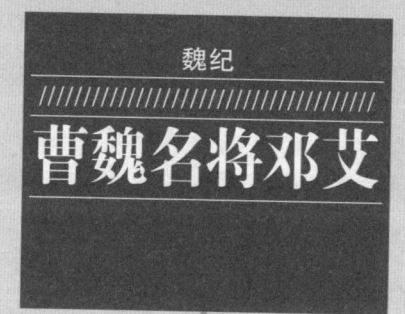

魏纪
曹魏名将邓艾

混迹乱世，口拙才高

邓艾，义阳郡棘阳（今河南南阳新野）人，字士载，自幼丧父，家境贫寒。在邓艾生活的年代，社会动荡不安，战乱不断。208年，曹操南下征讨荆州，占领了南阳，并将南阳的一些百姓转移到了汝南。邓艾便在这时跟着母亲到了汝南，以替人放牛为生。尽管如此，邓艾还是爱好学习，这深刻地影响了他以后的人生。

成年后，邓艾凭着自己的广博知识，当了典农都尉学士。可是他有口吃，不善言谈，上级觉得他不宜担负重任，就让他当了一个看管稻草的小官。尽管邓艾生于农家，可他志向远大，喜欢研习兵家之法。每次看见山川大河，他都会实地勘测一下地势地形，并找出适于扎营和屯兵的地点。为此，他经常被人嘲笑，可他毫不在意。

偶遇伯乐，改变命运

后来，邓艾终于升迁，当了典农功曹。一次，邓艾去洛阳，偶然认识了当时任洛阳太尉的司马懿。这次会面彻底改变了邓艾的一生。在和邓艾的谈话中，司马懿被邓艾的才华折服，就让他跟随在自己身边。此后，司马懿又升他为尚书郎，十分看重他。

那时，司马懿正筹划实施屯田，筹措物资军粮，因此就命邓艾去各处考察。在详细考察后，邓艾觉得应该兴修水利，灌溉农田，以此增加粮食产量。为了说明自己的想法，邓艾还写了《济河论》，建议司马懿参照曹操的做法，派兵分路屯田。即派五万士兵驻扎淮北、淮南同时进行屯田，这样大概六七年的时间就能存储军粮三千万斛。如此一来，曹魏出征士兵的军粮就有保障了。司马懿觉得邓艾的提议合理，因此就着手大造水渠，兴修水利。

几年后，曹魏强化了东南的防备，物资和粮食也都存储充足了。加上漕运疏通，交通便利，一旦东南有军情，魏军就能乘船直下到达江淮。

243年，邓艾做了南安（今甘肃陇西）太守，

▲邓艾像
邓艾是三国末期杰出的军事家，指挥作战时目光远大，见解超人，具有难得的战略头脑。他指挥的偷渡阴平一役，是中国战争史上历次入川作战中的经典战役。

此后他就开始了东征西讨的军旅生活。249年，邓艾和征西将军郭淮联手攻打蜀汉将领姜维，邓艾识破了蜀军的偷袭之计，就主动留驻白水岸北，成功阻止了姜维军的反攻。此后，邓艾成了关内侯，不久又被升为讨寇将军。

255年，姜维率兵攻打曹魏，并于洮西战胜了雍州刺史王经。由于西北战事吃紧，邓艾随后跟着大将陈泰去了西北，打退了姜维军。此后，他认为姜维军会卷土重来，因此据理力争，坚持驻守在武城山，最终大败姜维军。此战后，邓艾威名远播。曹髦特意下诏奖赏他，封他为镇西将军，管理陇右各军军务，并进封他为邓侯。之后，在和蜀汉的激战中，邓艾出其不意，制敌取胜，多次大败姜维，使得魏军的西北防线更加稳固。

智勇双全，灭蜀元勋

263年，司马昭调遣十多万兵马，打算一举消灭蜀汉。他让钟会率十万精兵，邓艾和将领诸葛绪分别率三万兵马，兵分三路攻打蜀汉。

钟会想趁汉中空虚攻打汉中，接着直取成都。姜维听说钟会想要占据汉中，就马上领兵返回汉中，途中冲破了邓艾和诸葛绪的合力堵截，随后驻守在地势险要的剑阁。尽管钟会军实力强大，可姜维坚守城池，钟会军猛攻多次都未能攻破城池。

由于剑阁久攻不下，加上粮草供应不上，钟会打算撤兵，却被刚赶来的邓艾劝阻了。邓艾觉得仍有取胜的机会，因此就让钟会继续和姜维对抗，自己则率军穿过阴平古道，越过剑阁，直接进入了蜀汉的后方。

队伍到马阁山时，道路非常难走，于是邓艾命将士手拿斧头开凿通道，才使大军能勉强通过。走到山路最崎岖的地方时，邓艾果断地将身子用毡毯裹好，率先自山坡滚下。士兵们见将领身先士卒，也都争着从山坡滚了下去，最终大军顺利地越过了最崎岖的地段。

不久后，邓艾率兵到了江油，驻守在这里的蜀汉将领马邈不战而降。邓艾成功地占据了江油，之后又举兵攻打蜀汉的重要据点绵竹，并和驻扎在绵竹的蜀军将领诸葛瞻展开了激战。蜀军因此遭受重挫，诸葛瞻及其子诸葛尚死于战场，魏军顺利地占据了绵竹。

此后，魏军所向披靡，士气如虹，使得蜀军节节败退。邓艾乘胜追击，一直逼近蜀汉都城成都。蜀军本以为有姜维守着天险，阻截魏军，魏军不会这么快打到成都，因此防守松懈，根本没有做好防守都城的准备。

转眼间邓艾已经率军到了城下，城内人心惶惶。后主刘禅匆忙集合大臣商谈策略。满朝大臣面面相觑，都想不出对策。后来光禄大夫谯周劝说大家归降曹魏。刘禅欣然同意，于是领着儿子、大臣们，用牛车拉着棺木，反绑双手，下令打开城门归降了邓艾。随后邓艾领兵占据了成都。至此，蜀汉政权彻底结束了。

曹魏消灭蜀汉一战是三国归晋的重要一步，为再次实现天下统一打下了良好的基础。这其中邓艾功不可没。

居功自傲，蒙冤而死

消灭蜀汉后，邓艾马上实施策略抚慰民心，严明军纪，命归降的民众再操旧业，他因此得到了蜀地民众的爱戴。同时，在取得巨大的功绩后，邓艾开始目中无人，居功自傲起来，常常向属下炫耀自己的功绩。沉浸在胜利的喜悦中的他不知道，祸患正在一步步走近自己。

司马昭生性多疑。邓艾占领成都后，并没

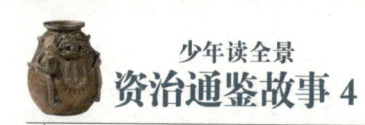

| 魏纪·晋纪·宋纪·齐纪·梁纪·陈纪 | 魏纪 | 曹魏名将邓艾 |

有奏请朝廷就自作主张封刘禅为将军，还重用蜀地官吏。司马昭为此勃然大怒，怀疑邓艾想要造反。

此时，一向和邓艾有隙的钟会趁机联合其他大臣在司马昭面前诬陷邓艾试图谋反。因此，司马昭派人抓了邓艾，并将其押送洛阳审讯。监军卫瓘曾参与陷害邓艾一事，他担心邓艾脱身之后会报复自己，于是命手下田续杀了邓艾，并追杀其家人。最终，邓艾家人有的被杀，有的被流放。一代功臣落得如此下场，着实可悲。

▲（三国）铭熊灯
1958年南京清凉山吴墓出土，中国历史博物馆藏。此灯分上、中、下三段。灯盏是一件鼓腹敛口小碗；灯柱是一只前肢掩耳坐地的仔熊，熊的胸腹印有流苏形条纹；灯盘直口平唇，外底刻有"甘露元年五月造"七字。"甘露"是吴末帝孙皓的年号，"甘露元年"即265年。

少年读全景资治通鉴故事 4

——— 魏纪·晋纪·宋纪·齐纪·梁纪·陈纪 ———

晋 纪

公元266年~公元420年

少年读全景
资治通鉴故事 4

▶▶ 魏纪·晋纪·宋纪·齐纪·梁纪·陈纪　　▶▶ 晋纪　　▶▶ 司马炎称帝

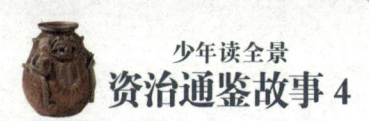

晋纪
司马炎称帝

249年，魏国发生高平陵权变，司马氏成功除掉曹爽的势力，从此魏国军政大权牢牢掌握在司马氏手中。此后，经过司马懿、司马师、司马昭父子三人的苦心经营，到司马昭的长子司马炎继承父亲的爵位时，司马氏家族已经完全控制了整个魏国。266年，司马炎逼魏帝退位，取而代之，改国号为晋，史称西晋。

温和守成的开国皇帝

历史不断前行，许多豪杰侠士相继退出了历史舞台，三国鼎立的割据局面也逐渐走向了终点。在几代君王的治理下，北方魏国的政治和经济都得到了长足的发展。尽管司马氏渐渐取代了曹氏，可魏国在三国政权中依旧处于优势地位，并最终成为三国中最强大的国家。

司马懿去世后，他的大儿子司马师执掌大权。司马师废黜了君主曹芳，改立曹髦为帝，专断独权，无人可及。司马师死后，他的弟弟司马昭又除掉了不愿被控制的曹髦，另立年幼无知的曹奂为帝。那时，司马昭已经做了晋王，距离登上皇帝的宝座只差一步了，可是他还没有踏出那最重要的一步，就忽然病亡。于是，他的大儿子司马炎登场了。

不过，司马炎的即位之路并不顺畅，他有一个亲弟弟叫司马攸。司马攸才华卓越，智慧超人，司马昭生前十分喜欢他，一直想选其为继承人。父亲一心想让弟弟接班，这让身为长子的司马炎非常担心，他不仅想方设法讨父亲欢心，还笼络司马昭身旁的心腹重臣，以期他们能劝说司马昭，为自己多进美言。这个办法十分有效，许多人都不断地劝诫司马昭，称废长立幼可能影响政权的稳定，使司马氏辛苦奠定的基础毁于一旦。司马昭终于被说动，决定选司马炎为继承人。

司马炎也是个野心家，他继承父位后就开始觊觎皇权。266年，司马炎终于成功逼迫魏元帝曹奂退位，得以取而代之，终结了短暂的曹魏政权。此时距离曹丕逼迫汉献帝刘协让位于自己仅仅过去了四十六年。

司马炎认为，正是由于曹氏对宗亲的过分防备才使君主孤立无援，让重臣篡夺了朝政。因此他登基之后，即下旨封宗亲为王，不仅赐给他们封地和军队，还给了他们任免领地内官吏的权力。

另一方面，司马炎也厚待大族和重臣，给他们加官晋爵，并给予重赏。司马炎还宽待臣下，采纳不同的谏议，就算这些谏议言辞激烈甚至刺耳，他也不会怪罪属

◀ 晋武帝司马炎像
司马炎（236~290），字安世，继承司马懿、司马师、司马昭三代的基业而代魏称帝，是晋朝的开国君主，谥号武皇帝，庙号世祖。

魏纪·晋纪·宋纪·齐纪·梁纪·陈纪　▶▶ 晋纪　▶▶ 司马炎称帝

（魏晋）魏归义氐侯金印、晋归义氐王金印、晋归义羌侯金印
每枚高2.5~3厘米，边长2.25~2.3厘米，甘肃西和出土。氐、羌是生活在河陇地区以及今四川地区的古老民族。从汉武帝到魏晋时期，氐、羌首领多受中央王朝敕封。魏晋时期氐、羌下级官吏印章存世不少，王侯印章则较少。

下。一次，司马炎去洛阳郊外举行祭祀典礼。典礼结束后，司马炎忽然向身旁的尚书左仆射刘毅问道："我和汉朝皇帝相比，更接近哪一个？"刘毅答道："桓帝、灵帝和您差不多。"此言一出，四座皆惊。桓帝和灵帝是东汉最腐败、最昏庸的皇帝。刘毅此言等于说司马炎是个昏君。司马炎却并未发怒，而是面无表情地问其理由。

刘毅答道："桓帝和灵帝在位时就出卖官位，可是他们将卖官的收入都放进了国库。您现在也卖官，可是那些钱全都进了您自己的金库，如此比较，他们比你强。"司马炎闻言大笑，替自己辩解道："桓帝和灵帝在位时，从来没人敢这么对他们进言，可现在像你这样敢于直言的人却能在我在位时活着，证明他们比我可要差一些。"司马炎没有因为刘毅的直言而责怪他，也没有伺机打压他，非常不易。

对待反对晋政权的势力，司马炎同样也非常包容，他下旨不再监禁前朝和蜀汉、东吴的宗室，还尽弃前嫌，起用曾反抗司马氏统治的官吏，并

很有胆识地任用蜀汉有才干的旧吏。他在位时公布的《泰始律》，删减了不少有关死刑和株连的法律条款，体现了治国安民的仁厚之心。在与少数民族的关系上，司马炎也施行仁政，为促进民族融合、缓解民族矛盾作出了一定贡献。

此外，司马炎提倡节俭，他减少各处的贡品数量，不允许宫中使用乐器和狩猎用具。一次，仪制司官员向他禀告道，宫内拴牛的青丝绳断了，急需换上新的，司马炎却下旨改用麻绳拴牛。还有一次，太医馆中一个名叫程据的医生把一件非常罕见、璀璨夺目、饰有珍奇野雉毛的雉头裘送给了司马炎，想借此讨得皇帝的欢心。司马炎不动声色地收下并在翌日将这件雉头裘拿上了大殿，让群臣一起观赏。文武官员见了这稀罕之物，都连声地夸赞。谁知司马炎却在大家面前把它烧了。在司马炎的倡导下，官场上的腐败奢侈之风有所收敛，民众的负担也因此减轻了很多。

灭吴成功，三国归晋

司马炎登基之初，南方依然有吴国与晋对立。于是他开始运筹帷幄，准备消灭东吴，一统天下。

当时，晋国日益强大，吴国却早已衰败了。吴主孙皓残暴误国，荒淫无道，对于进谏的大臣，

他没有丝毫感激，甚至用烧红的锯条残忍地锯下进谏之人的舌头。他还命令大臣们的女儿要先经过他的挑选，余下的才能谈婚论嫁，这使他最终失去了大臣的支持，成了孤家寡人。许多将领也对他失去了信心，纷纷投降西晋。而对于司马炎来说，出兵灭吴势在必行。

279年，晋军兵分六路，其中，镇南大将军杜预率领中路军进逼江陵；安东将军王浑率领东路军出江西；益州刺史王濬率领水军顺长江而下，直取建业。杜预和王浑的部队一路所向披靡，王濬所率的水军却在秭归遇到了一点小麻烦。原来吴军为了阻止晋军前进，命人在江上布置了许多铁链和铁锥，使船只无法通行。然而，大厦将倾，岂是铁链、铁锥能阻止的呢？王濬命晋军将士制造了数十条大木筏，由几个水性好的士兵带着沿江而下。铁锥刺中木筏，就被木筏带着，一起漂向下游去了。

王濬又命将士们在木筏上架起灌足了麻油的大火炬。铁链被大火焚烧，很快就熔断了。船队扫清了障碍，顺利地和杜预的部队会合了。两路大军联手进攻建业。

孙皓这时才知道害怕，赶忙派张象带领一万水军迎战晋军。哪知晋军战船塞江，旌旗蔽日，鼓声雷动，气势如虹，竟吓得张象不战而降。贪生怕死的孙皓则反绑了双手投降了晋军。

280年，三国鼎立的局面完全结束了，汉末以来近百年割据分裂的局面宣告终止。在这件事上，一向以"温和"治国的司马炎展现了少有的冲劲和胆识，为历史的进步作出了重要贡献。

▲（魏晋）抬水图
甘肃酒泉果园西沟村7号墓出土的壁画。

声色犬马，贪逸好色

司马炎统治后期，他的一些缺点慢慢地暴露了出来，荒淫享乐就是其中最明显的一点。为了满足自己的淫欲，他竟然下旨命全国所有的女子不许婚配，以便自己择选宫女。加上消灭东吴时得来的五千宫女，他的后宫中竟然住了将近一万名宫女——这在历史上也是少见的。由于妃子过多，他自己也不知该去哪个妃嫔处过夜，于是，就出现了"羊车望幸"的荒唐事——司马炎乘坐羊车，羊车停在哪个妃子的门前，哪个妃子就会得到他的临幸。因此，有妃嫔将盐水浇在门口，引诱羊儿停下，以期得到皇帝的临幸。

290年，由于纵欲过度，生活腐化，司马炎病亡，年仅五十四岁，谥号武皇帝。司马炎是继承司马懿、司马师、司马昭三代的基业而称帝的，本身并非英明之君。

他晚年沉溺酒色，行事荒唐，对西晋的发展产生了极为不利的影响。此外，他罢废州郡武装，大肆分封宗室，不当处理少数民族内迁问题等，更为日后的八王之乱与永嘉之乱埋下了祸根。

>> 魏纪·晋纪·宋纪·齐纪·梁纪·陈纪　　>> 晋纪　　>> 堕泪碑前悼羊祜

晋纪
堕泪碑前悼羊祜

晋朝取代曹魏后，武帝司马炎想吞并吴国，一统天下，因此命尚书左仆射羊祜驻守襄阳，督察荆州的所有军务。此后十年，羊祜一边扩充军备，操练将士，一边推行屯田，兴建学校，采用仁政笼络民众，为征讨吴国做准备。尽管羊祜生前没能实现消灭吴国的愿望，但他对灭吴的贡献是不容置疑的。灭吴成功后，在庆功宴上，晋武帝曾泪流满面地感叹："这都是羊祜的功劳哇！"

宅心仁厚，开诚布公

羊祜，祖籍青州泰山（今山东新泰），字叔子。羊祜出生于汉魏名门士族之家，祖父羊续在汉末时曾任南阳太守，父亲羊衜为曹魏上党太守，外祖父则是东汉年间杰出的文学家蔡邕。羊祜相貌俊朗，德才兼备，精于写作。他的仕途非常顺畅，魏末时就曾任中书侍郎、秘书监、相国从事中郎等职。晋武帝在位时，他又被升为尚书左仆射、卫将军。为了消灭吴国，晋武帝命羊祜驻扎于襄阳，督察荆州的军务。羊祜赴任后，减免了各种税收，激励民众进行农业生产，并推行屯田制，命兵卒垦荒耕种。在他的努力下，荆州的经济得以迅速发展，库存的粮食十分充裕。

羊祜以道义和仁德来抚慰百姓，笼络民心，对吴国将士也以诚相待。一次，羊祜的属下带回了两个来历不明的孩子，打听后才知是吴国边境守将的孩子，于是他马上命人将孩子送了回去。孩子的父亲甚是感激，翌日就领兵归降了羊祜。吴将邓香侵袭夏口，被晋军所擒，羊祜却以厚礼待之，训导了他一番后就让他回了吴国，邓香感激不尽，不久后也赶来归降了。在携众狩猎之时，只要斩获的猎物里有吴国将士射伤的，羊祜

▼（西晋）龙纹盆
北京顺义马坡大营村西晋墓出土，高7.7厘米，口径33.4厘米。宽口沿，外撇上翘微内凹。直壁，小圈底。盆内底部略微下凹，有一浅浮雕盘龙纹饰。

少年读全景 资治通鉴故事 4

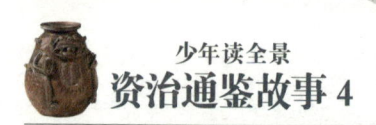

魏纪·晋纪·宋纪·齐纪·梁纪·陈纪　　晋纪　　堕泪碑前悼羊祜

▲（魏晋）陶犬

魏晋时期，陶犬常被作为陪葬品，拥有晋代陶艺品独特的黄褐色。受北方游牧民族的影响，犬形出现了类似猎狗、较为修长的式样，此犬置于狗圈之中，极富生活气息。

都会命人将其还给吴国将士。身为大将，为人处事从来都不失仁义之风，这使得羊祜在吴国将士中获得了极高的声望，甚至连吴国主帅陆抗也非常敬佩他。

蓄志灭吴，举荐贤能

276年，羊祜奏请晋武帝，认为时机已经成熟，请求讨伐吴国。晋武帝有意答应，可那时适逢秦、凉二州的少数民族叛乱，朝中多数重臣都不同意起兵征讨吴国，因此此事只得暂时作罢。

过了一年，羊祜得了重病，返回洛阳，再次提出了讨伐吴国的想法。他说："孙皓暴虐昏聩，民心尽失，我们现在攻打吴国，定能取得胜利。要是孙皓死了，再出现个雄才大略的君主，那时再攻打吴国就难了。"武帝同意羊祜的建议，并接受他的举荐，封才能出众的杜预为平东将军，掌管荆州地区的兵权。杜预上任后，当即厉兵秣马，准备出征。此时羊祜已经病重，尽管雄心犹在，却再也无力参与征讨吴国的大业了。

与世长辞，民众缅怀

278年，羊祜因病离开了人世。荆州民众得知此事后都悲泣不已，甚至连吴国的兵将也都为他流下了眼泪。羊祜死后不久，晋朝消灭了吴国。在庆功宴上，晋武帝泪流满面地说道："这都是羊祜的功劳哇！"羊祜是个公正廉明的好官。魏晋之时，选官注重出身，流行营私舞弊之风，可羊祜从不结党营私。尽管承担着向皇帝举荐贤士的重任，羊祜推荐人才时却从不让当事人知晓。他生活节俭，常常用自己的薪俸来救济族人、嘉奖将士，所以家里没有多余的钱财。

他不喜名利，拒绝接受武帝赐给他的南城侯之位，临死前还叮嘱家人丧礼从简，不可按照葬南城侯的礼节安葬他。武帝闻听此事后下诏赞美了一番羊祜的高风亮节。羊祜功绩卓越，文学造诣也极高，因此那时的人评价他"文为辞宗，行为世表"。羊祜去世后，襄阳民众为了纪念他，就在他生前游历休息的岘山修建了一座庙碑。人们只要到了这里，看到庙碑，就会情不自禁地流下泪来，因此此碑遂得名"堕泪碑"。

四百多年后，唐代杰出诗人孟浩然登上了岘山，在堕泪碑前凭吊，留下了千古传颂的诗句："人事有代谢，往来成古今。江山留胜迹，我辈复登临。水落鱼梁浅，天寒梦泽深。羊公碑尚在，读罢泪沾襟。"

魏纪·晋纪·宋纪·齐纪·梁纪·陈纪 ▶▶ 晋纪 ▶ 周处浪子回头

晋纪
周处浪子回头

俗话说："浪子回头金不换。"西晋时，就有一个流芳百世的回头浪子——周处。周处少年时凶暴强悍，肆意妄为，祸害乡中百姓。但他后来及时悔悟，痛改前非，成了一个不惧权势、坚贞不屈、受民众拥戴的好官。最后，他在征讨氐羌的沙场上为国捐躯，成为后人称颂的楷模。

惹是生非，为祸乡里

周处是三国时东吴将领周鲂的儿子，字子隐，祖籍吴郡阳羡（今江苏宜兴）。因为周鲂早亡，所以周处从小就无人管教，整日在外闲逛，常和一些喜欢聚众闹事的人厮混。他高大健壮，且为人强横，性情急躁，一旦看谁不顺眼，就对人家拳脚相加。时间久了，人们都对他避之唯恐不及。

一次，周处见路上百姓都长吁短叹，垂头丧气，很是诧异，就向身旁的一个老人询问道："今年庄稼丰收，大家该高兴才对。你们怎么都愁眉不展呢？"老者叹着气说道："尽管庄稼丰收，可我们还没铲除'三害'呢，又如何高兴得起来呀？"

周处第一次听说"三害"，就好奇地问道："'三害'是什么呀？"老者很是惊恐，支支吾吾地不敢说话。周处不由怒道："快点儿告诉我，不然我可饶不了你！"老者没有办法，只得据实相告。

原来，那时有一只吊睛白额虎总是在阳羡附近的南山上活动，它常常出来祸害民众和家禽，当地的猎人也降伏不了它；还有一条大蛟（鳄鱼的一种）生活在阳羡一长桥下的河里，时常浮出水面，袭击船上的商客和渔人。当地的百姓将这两头猛兽和横行乡里的周处合称为"三害"，而在这"三害"里，最让百姓头痛的，居然是周处。

周处除"三害"

听完老者的话，周处既震惊又羞愧。他没想到原来大家是如此厌恶他，讨厌自己胜过南山虎、长河蛟。他虽然自尊心受到了极大的伤害，却没有像平时那样大发雷霆。他低着头沉默了良久，然后坚定地抬起头，对老者说："乡亲们为了

▼（西晋）玉剑璏
剑璏是用来挂剑的，同时具有装饰作用。玉剑璏在战国至汉代非常流行，汉以后退出历史舞台，明清时偶有仿品，也只是供陈设欣赏，也可作镇纸，故又称"文带"。

少年读全景 资治通鉴故事 4

魏纪·晋纪·宋纪·齐纪·梁纪·陈纪 ▶▶ 晋纪 ▶▶ 周处浪子回头

▶（西晋）青釉神兽尊
高27.9厘米，罐与兽身融为一体，造型奇特，尊身上堆塑有怒目吐舌、口内衔珠、长须垂腹、张牙舞爪的怪兽。此造型的青尊十分罕见，堪称稀世珍宝。

'三害'苦恼，我堂堂男子汉岂能坐视不理？就让我来为乡亲们除掉它们吧！"

周处说做就做。第二天一大早，他就拿着弓箭和长矛，到南山降老虎去了。他占据有利的地形，等老虎出现，猛地扑向他时，他利落地闪身，冲着老虎连连放箭，最终射死了老虎。

然后，周处换了身便于潜水的衣服，拿着锋利的大刀，来到长桥下，纵身跳进河里，和大蛟激战了起来。周处沉着迎战，看准时机，一刀刺伤了大蛟。大蛟重伤在身，马上潜进水里逃命。周处立即追赶大蛟而去。乡亲们见周处迟迟没有回来，都以为他和大蛟同归于尽了，便兴高采烈地庆祝"三害"被除。不久，周处出现了。原来周处追着大蛟到了几十里外的地方。大蛟失血过多，没有了抵抗之力，最终被周处除掉。

周处见自己的"死"令大家如此开心，更加羞愧难当。他决心改过自新，成为一个让百姓爱戴和尊敬的人。

浪子回头，留名青史

此后，周处远离故乡，去吴郡拜访当时的名士陆云。他将自己的经历详细地告诉了陆云，并说："如今我十分悔恨当初的行为，想要改过自新。只可惜我以往虚度了太多光阴，如今年纪已大，现在才开始提升德行修养恐怕已经来不及了。"陆云激励他道："古时候的贤人曾说过，只要能在学问上有所长进，即便马上死了也值得。你还年轻，只要能像打虎除蛟那样下定决心，怎么会不成功呢？"周处听了，很受鼓舞。从此，他勤奋读书，努力研习典籍，使自己的学问有了极大的提高。同时他不断自省，最终成了一个德才兼备的人。

东吴皇帝孙皓执政后期，周处做了官，担任无难督一职。东吴被西晋所灭后，他又历任新平太守、广汉太守，都因执法公正而受到当地百姓的爱戴。后来，周处更是被委任为御史中丞。他刚直不阿，检举不法分子时从不畏惧强权，因而遭到了梁王司马肜的记恨。297年，朝廷分别封司马肜、周处、夏侯骏为征西大将军、建威将军、安西将军，讨伐氐族首领齐万年。因为司马肜和周处有隙，所以司马肜在周处所部被敌军团团围困时不出兵援助。然而周处死战不退，最终慷慨殉国。

周处去世后，晋廷追封他为平西将军。人们非常佩服他能够痛改前非，终成大器。他的家乡至今仍传颂着他"除三害""浪子回头"的故事。

晋纪
王恺石崇斗富

晋武帝司马炎缔造了西晋初年的太康盛世,晚年却骄奢淫逸。当时,西晋王朝盛行奢靡之风,最终成为中国历史上最黑暗腐朽的时期之一。最能够反映西晋时豪门奢靡腐败之风的,莫过于臭名昭著的石崇、王恺斗富之事。

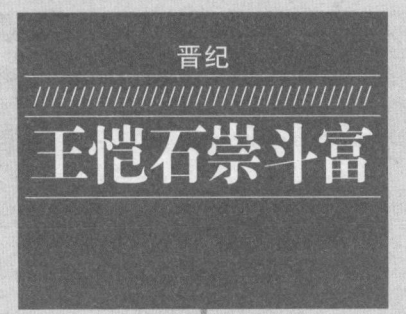

穷奢极欲,世风日下

晋武帝晚年时,喜好声色犬马的生活,以铺张炫耀为乐事。受他的影响,朝中挥霍之风盛行。

当时京城洛阳出了执掌禁卫军的中护军羊琇、后将军王恺、散骑常侍石崇这三个富翁。这三个富翁中,羊琇相对比较低调,尽管有着万贯家财,却极少外露。另外两人则大不相同。他们二人时时攀比,处处炫耀自己的财富。王恺是晋武帝的亲舅舅,官至后将军,深得武帝的宠信。他便倚仗这一点,肆意剥削民众,搜刮民脂民膏,榨取了很多的钱财。

然而,尽管羊琇和王恺都是高官皇亲,权位远远高于石崇,在财富上却都远远逊于石崇。石崇自幼聪明机敏,二十多岁时就做了修武县令。从此,他便开始借职位之便大肆敛财,不停地搜刮民脂民膏,靠着肮脏的手段积攒了不计其数的财宝,成为当时最大的富翁。

石崇的车马排场超过显赫的贵族,饮食也尽是佳膳珍馐。全都身着锦缎绮罗,佩戴金银珠宝。宅院内楼台高耸,流水潺潺,真如琼台玉谷、人间仙境一般。一次,大臣刘寔前去拜访石崇,说话间起身如厕,迎面看到一张大的绛纱床,上面铺着精美的锦毯,床边还立着两个手拿香囊的侍女。惊慌失措的刘寔立即退了出来,并对石崇说道:"不好意思,我误入了您的卧室。"石崇闻言大笑了起来,说道:"那就是我家的厕所,您没走错。"

豪门斗富,轰动京城

后来,石崇听闻王恺因财富多而闻名,就想和他较量一番。他听说王恺家中用饴糖水来洗刷碗盘,就命家中杂役用蜡烛代替木柴生火。王恺得知后岂能善罢甘休?当即命人用紫丝制作围屏,将自家门前四十里的道路统统装饰起来。所有从王恺家经过的人,都震惊不已。这华贵的

▲(魏晋)汉龟二体钱(龟兹五铢)
币为圆形,中有方孔,一面为汉文,一面为龟兹文,是当时龟兹地区流通的货币,与中原流通的五铢钱形状相同。

少年读全景
资治通鉴故事 4

▶▶ 魏纪·晋纪·宋纪·齐纪·梁纪·陈纪　▶▶ 晋纪　▶▶ 王恺石崇斗富

▶（西晋）青瓷蛙形水盂
水盂，又称水丞、砚滴，在古代则直呼为"水注"，其主要作用是给砚池添水。晋代、南北朝时水盂多为青瓷制品，如青瓷兔形水盂、青瓷蛙形水盂等，做工均精巧雅致。

装饰一下子就轰动了整个洛阳城。

　　石崇存心要将王恺比下去。他用比紫丝更为名贵的彩缎制作了五十里屏障，一举盖过了王恺的风头。接着，王恺以赤石做染料，石崇就以香料和水涂墙。二人就这么你来我往地斗了起来。只是一路斗下来，石崇总是胜过王恺。王恺因此恼羞成怒，便去找自己的外甥——武帝司马炎来帮忙。可叹司马炎一国之君，非但不整治这种挥霍攀比的不良风气，反而也加入其中，偷偷地帮助自己的舅舅，将国库中贮藏的一株高达两尺的珊瑚树赏给了王恺。

　　王恺得了这样一件宝物，立刻回到家中大摆筵席，邀请石崇和一些大臣前来观看。酒席上，王恺神气地冲众人说道："我家中有一件珍奇之物，拿出来让大家看一下如何？"说完便命婢女请出宝物。众人一见这珊瑚有两尺多高，好像朝霞般流光溢彩，都不禁交口称赞，唯独石崇在一旁冷笑不已。他见桌上有一支铁如意，就顺手抄了起来，"咔嚓"一声将珊瑚树砸了个粉碎。这下大家全都大惊失色，王恺更是又惊又怒。石崇却满不在乎地说道："不过一株珊瑚树，我赔给你不就行了。"说完，就命随从将自己家里的珊瑚树都取来，让王恺随意挑选。待石崇家的珊瑚树运到，众人全都惊得目瞪口呆，只觉得宛如置身于万道霞光之中。原来石崇家的珊瑚树，高三四尺、枝条举世无双的就有六七株，每一株都比王恺的强。

　　这一时期，洛阳城内的百姓每天谈论的都是石崇和王恺斗富之事。大臣傅咸忍无可忍，奏请武帝阻止这种不正风气，可武帝根本不予理会。西晋王朝刚刚建立不久就这么腐朽，衰败与灭亡征兆已现。

魏纪·晋纪·宋纪·齐纪·梁纪·陈纪　▶▶ 晋纪　▶▶ 白痴晋惠帝

晋纪
白痴晋惠帝

290年,晋武帝司马炎因病去世,其子司马衷即位,是为晋惠帝。司马衷自幼愚笨迟钝,史书多评其"甚愚"。他即位后,封其太子妃贾南风为皇后,初由太傅杨骏辅政。不料贾南风阴险毒辣,杀杨骏后掌握大权。司马衷成了名副其实的傀儡皇帝,给本就不稳固的西晋政权又蒙上了一层阴影。

弱智低能的太子

司马衷是晋武帝司马炎和杨皇后所生,本是晋武帝的次子,但是其兄长司马轨早逝,于是他就顺理成章地成了长子。司马衷本应被立为太子,但由于他过于愚笨,司马炎迟迟未做决定。杨皇后为此十分着急,每天劝说司马炎,让他立司马衷为太子,司马炎最后只得同意了。

但满朝大臣非常担忧,对司马衷未来的掌权能力十分怀疑,希望晋武帝能另立别人为太子。一日,晋武帝在朝堂上宴请群臣。席间,大臣卫瓘装作喝醉的样子,借给晋武帝敬酒的机会,假装跌倒在晋武帝的御座前,用手摸着御座,口里含糊不清地说:"可惜了这个御座!"晋武帝非常清楚卫瓘的用意,却佯装不知,说道:"胡说什么呢?看来是真喝多了。"就命人将卫瓘扶起送走了。事实上,晋武帝也很想改立别人为太子,可杨皇后极度宠爱儿子,每次说到这事,总是哭哭啼啼。晋武帝没有办法,只得同意不改立太子。

司马衷答题

尽管晋武帝没有改立太子,可始终对司马衷有些担心,于是便命卫瓘等几个亲信重臣出一份试题考考太子。司马衷如何应付得来呢?杨皇后非常精明,知道这份试题的分量。她见司马衷答不上来,立即请司马衷的老师代为作答。老师凭借卓越的才学,旁征博引,一挥而就。杨皇后见后十分高兴,就想将老师的答案拿来当作太子的答卷。可有个内

◀（晋）灰陶杂耍男俑
人物双腿叉开,两眼圆睁,表情夸张,身穿无袖短衫,腰间系带。右手侧举,左手下垂微握。神态逼真,生动有趣。

少年读全景 资治通鉴故事 4

魏纪·晋纪·宋纪·齐纪·梁纪·陈纪　　晋纪　　白痴晋惠帝

侍却摇了摇头说："皇上知道太子没怎么读过书，若太子答得太好了反而会让他产生怀疑。若他盘查下来的话，可就难办了。"

杨皇后想了想的确如此，就命一个只是稍微懂些诗书的人另答了一份试题，让太子照抄了送给晋武帝。晋武帝看过后，认为尽管试题答得并不精彩，可还算合乎道理，悬着的心终于放下了。卫瓘看过试卷后，心中有些怀疑，但因为没有凭据，只好说："太子的确有了一些进步。"其他大臣听了卫瓘的话，也就纷纷附和了。

另外，还有一件事也是晋武帝没有废黜太子司马衷的重要原因，那就是他非常宠爱司马衷的儿子司马遹。司马遹是司马衷和才人谢玖的孩子，自幼就聪慧机敏，深受司马炎的喜爱。他认为司马遹如司马懿一样富有谋略。为了让司马遹将来登上帝位，他只好立司马衷为太子。

傀儡一生，空留笑谈

290年，晋武帝司马炎病危，临终前留下遗训，命皇后之父杨骏和司马衷的叔父汝南王司马亮一起辅佐朝政。为了独掌朝政，杨骏和杨皇后一起造了一份假遗训，宣称皇帝只命自己辅佐新帝。没多久，晋武帝病逝，司马衷登基为帝，即晋惠帝。

晋惠帝愚钝昏聩，完全没有能力处理国家的军政大事，倒是在宫中制造了很多笑料。一日夜里，他听到有"呱呱呱"的声音从后宫花园的池塘里传出，就很惊奇地问侍从："这是什么的叫声？"侍从答道："青蛙的叫声。"晋惠帝接着问道："它们叫得那么起劲，是在替官员还是普通百姓叫呢？"侍从闻听，只觉可笑，却又不能不作答，只好回答说："官员家院中的青蛙是替官员叫，普通百姓家院子里的青蛙是替百姓叫。"

有一年，全国的粮食歉收，各地都出现了饥荒，甚至有很多人因饥饿而亡。晋惠帝得知此事后，就向大臣们问道："人怎么会饿死呢？"有一大臣回禀道："各处饥荒很严重，百姓根本就没有粮食吃。"晋惠帝思考了一会儿，突然像想到了什么似的，问道："百姓没有粮食，为什么不吃肉粥？"大臣们闻听此言，全都瞠目结舌。

皇帝如此愚弱，四周那些野心勃勃的人怎能不闻风而动呢！于是，晋惠帝即位不久，八王之乱就爆发了。301年，赵王司马伦篡夺帝位，奉司马衷为太上皇，将其囚禁于金墉城（今河南孟津）。后来司马伦死，司马衷复位，但仍然受人挟持，形同傀儡。307年，司马衷被东海王司马越迎归洛阳，后被其毒死。

司马衷在位十七年，做了十七年的傀儡，受尽凌辱，虽给后世留下无数笑谈，却也的确是一个悲剧人物，让人们在谈论之余也不禁产生了一丝同情。

▼（西晋）青釉扁壶
青釉是中国瓷器传统的颜色釉，亦称青瓷釉。古代南方青釉，是瓷器最早的颜色釉。

少年读全景
资治通鉴故事 4

魏纪·晋纪·宋纪·齐纪·梁纪·陈纪　　晋纪　　王衍清谈误国

晋纪
王衍清谈误国

西晋末期，统治腐朽，政治黑暗，社会矛盾尖锐。当时的读书人为避祸，以清谈玄学为风气，王衍就是其中的一个代表。他历任中领军、中书令、尚书令等要职，最后位居三公，却在皇室混战、外族入侵之时贪生自保，置国家的存亡和百姓的生死于不顾，最终死在少数民族首领石勒手里，成为后人治国理政引以为戒的反面典型。

出身名门，才华横溢

王衍，字夷甫，相貌俊朗，言行举止间颇具儒雅之气，更兼出身于当时的望族琅琊王氏，在看重门第的魏晋时代占尽了优势。王衍的堂舅是仁慈守信、品德高尚的太傅羊祜。那时，王衍的父亲在别地担任军职，常常命人向羊祜回报军情。王衍觉得使者表述不清楚，就亲自去拜见羊祜。尽管王衍年纪尚小，可口若悬河，身旁的人都惊叹他是个长相英俊、温和儒雅的奇士，并觉得他以后一定会有一番大的作为。晋武帝闻听了王衍的名声，就向王衍的从兄——"竹林七贤"之一的王戎询问王衍的品行。王戎答道："古人里或许有和夷甫相当的，但当代没人能和他相提并论。"西晋末年，王衍的族弟王敦曾夸赞王衍："他站在众人中，就像散落在瓦片石块间的珠宝碧玉。"就连大画家顾恺之也在王衍的画像上题词，赞颂王衍"岩岩清峙，壁立千仞"。

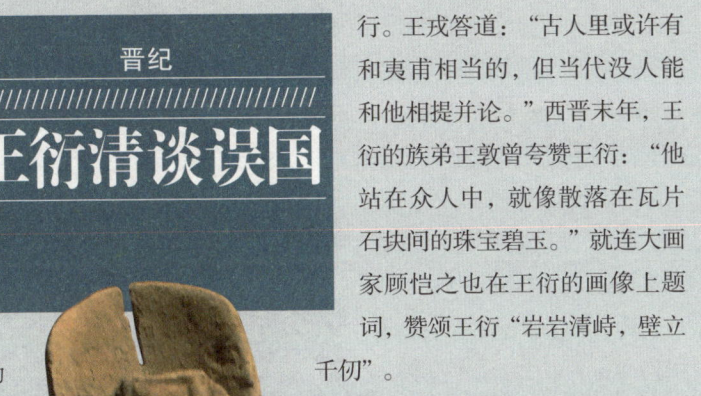

然而，名士山涛见到王衍后，却给出了这样的评价："这是谁生的孩子呀？竟然长得这么俊朗。可是这孩子以后怕是会贻害天下百姓呀！"

淡泊名利，清高儒雅

王衍温文尔雅，品行端正，学问很深，是个不喜名利、清高的读书人，从一些日常小事中即可看出他的涵养。王衍的妻子郭氏是个贪慕钱财的人。王衍向来不喜欢她这一点，因此从不在家里谈钱。郭氏想测试一下他到底是否会说出钱字，就命人趁王衍睡着之时在床周围摆放了一圈铜钱。清晨起床时，王衍见了这些钱，冲仆人喊道："拿走这些东西。"还有一次，王衍和裴邈因观点不一致而有了矛盾。裴邈想

▶（西晋）书写俑

西晋时，俑仍以陶质为主，不过南方开始出现青瓷质的俑。湖南长沙西晋墓出土的俑，除陶俑外还有青瓷俑，以及出行仪仗俑。此书写俑造型拙稚，比例夸张，极具地方特色。

魏纪·晋纪·宋纪·齐纪·梁纪·陈纪　晋纪　王衍清谈误国

报复王衍，却始终抓不到他的把柄，就去见王衍，并且当面辱骂他，想激得王衍大怒而口吐秽言，然后借机诬陷他。谁知王衍居然面不改色，慢悠悠地说道："你终于还是忍不住了啊。"

此外，王衍还是个感情丰富的人。他的小儿子不幸早亡，名士山简去安慰他，见王衍伤痛不已，无法自控，便安慰道："婴儿还未满周岁，你根本就不用这么难过啊！"王衍却悲泣着说："圣人能超脱于情感，最低级的人无法理解情感，而我们这样的人却最珍视情感啊。"山简为此番话所动，也跟着王衍一起悲伤起来。

崇尚清谈，任人唯亲

令人遗憾的是，如此为时人称道的王衍，却不思济世救国，反而把心思放在了清谈玄学上。曹魏正始时期，士大夫阶层流行谈论道家的清静无为的观点。后来，名士何晏、王弼等人以老庄学说为基础，把《老子》《庄子》和《周易》结合了起来，开创了玄学，后人将其称为"正始玄学"。他们不谈俗事和时政，专谈老庄和《周易》，这就叫清谈。西晋末期，社会混乱，各种矛盾不断激化，大臣们的官位甚至性命朝不保夕，文人、士大夫因而对政治斗争采取回避的态度，于是清谈之风就流行了起来。在这些崇尚清谈、以图避祸的文人中，王衍是个典型的代表。他极其尊崇清谈的风气，精于玄学，虽然已经做了官员，却还是整日清谈。

晋武帝去世后，继位的晋惠帝无能，致使权臣贵戚明争暗斗，相互攻伐，国家陷入了持续

◀（西晋）掐丝镶嵌银铃
北京石景山八宝山西晋墓出土，现藏首都博物馆。上面錾刻八个乐人，每个乐人之间以银丝圆圈和连弧纹相连。每个乐人之下各有一小铃，铃钮为虎形，背部有圆环。

十六年的八王之乱。在这期间，执掌大权的人不断变换，臣子们只求保住性命，无心理政。王衍此时已在京城任职，他也同别人一样，整天只谈论玄学，不理国家大事。

王衍的小女儿是太子司马遹的妃子。贾后密谋政变后，就将太子软禁了。王衍害怕自己会被牵连进去，居然奏请皇帝解除这门婚事。他后来位至宰相，却仍旧不思救国。在挑选官吏这样重大的问题上，王衍也只用自己的亲人，引起了群臣、百姓的不满。

不思抗敌，国破身亡

八王之乱末期，东海王司马越执掌朝政，王衍深受器重。司马越死后，匈奴汉国的大将石勒率军进犯西晋。大家举荐王衍做主帅，可王衍却多番推托。没多久，石勒战胜了晋军，将西晋的贵族重臣集合起来征询西晋的得失。王衍推说西晋的灭亡不关自己的事，还夸赞石勒文武兼备，可以自立为帝。石勒非常厌恶王衍整日清谈以致贻害国家的行为，觉得他深受重用却什么功绩都没有，西晋之所以会灭亡，与他脱不了干系，于是就让部下趁夜推倒了屋墙，将王衍压死了。多年以后，东晋大将桓温北征，在中原登高眺望时感叹道："国家被毁，中原饱受战火的摧残近百年时间，王夷甫这样的人难逃罪责。"

▶▶ 魏纪·晋纪·宋纪·齐纪·梁纪·陈纪　▶▶ 晋纪　▶▶ 匈奴人刘渊反晋建汉

晋纪
匈奴人刘渊反晋建汉

中国的历史是汉族和其他少数民族互相融合的历史。西晋后期，八王混战之时，少数民族开始趁机扩展势力。307年，晋惠帝去世后，司马炽登基为帝，改年号为永嘉。永嘉二年（308），匈奴人刘渊首先在北方称帝。自此，中原地区逐步开始了更为激烈的混战。

精通汉学，文武双全

匈奴人刘渊，字元海，是南匈奴单于于扶罗的孙子，匈奴左贤王刘豹的儿子。西汉后期，一些匈奴人散居在北方偏远的郡县，并和那里的汉人过着杂居的生活，受到了汉族的文化的熏陶。匈奴贵族认为祖先曾和汉朝皇室结亲，自己是汉室的宗亲，便改姓汉朝君主的刘姓。当年曹操平定北方后，为了便于管理边境，将匈奴部落分成了五部，其中一个部的部帅就是匈奴左

▼驼钮"晋匈奴归义王"金印
首都博物馆藏，厚2.5厘米，边长2.2厘米，重86.9克，印面有"晋匈奴归义王"字样，阴刻篆书。印钮为一卧姿骆驼，骆驼四肢弯曲下卧，眼神温顺，神态乖巧，具有鲜明的北方游牧民族的风格。

贤王刘豹。

刘渊自幼喜好读书，并曾师从上党贤士崔游，他通晓《诗经》《尚书》等儒家典籍，遍阅诸子百家的著作，在汉学上造诣颇高。再加上他相貌俊朗，高大健壮，且武艺高强，射术精湛，当时的名士对他颇多赞誉之辞。

魏咸熙时期，刘渊以人质的身份住在洛阳。西晋攻打吴国前，刘渊被名士王浑举荐给了晋武帝。武帝十分欣赏他的才干，打算封他为大将军，让他率军攻打西凉。可由于有大臣担心刘渊不是汉族人，会有反叛之心，坚决不同意武帝的想法，此事最终不了了之。

托名汉嗣，进兵中原

刘豹去世后，刘渊接替了他的位置。之后，刘渊成了成都王司马颖手下的将军，驻守邺城。304年，刘渊借混战之机返回了左国城，正赶上匈奴贵族打算借八王争权之机复兴自己的国家，他们见到刘渊归来，便推举他为大单于。此时，刘渊拥有五万兵卒，打算支援司马颖，征讨鲜卑军。刘宣等人劝谏道："晋人把我们当奴隶，如今他们正在内斗，我们为何不趁此机会灭晋朝，复兴匈奴，反要去征讨和我们一样不幸的鲜卑族呢？"刘渊闻言，恍然大悟，决心成就一番事业。刘渊认为要争取汉族百姓的支持，必须师出有名，而汉朝立国颇久，在民众中的影响也很深，加上匈奴先祖和汉朝王室结过姻亲，自己可谓是汉朝皇室的后人，因此，只要打着汉朝的名号，一定能得到汉人的支持。

于是，他在304年自立为汉王，年号元熙，追尊刘禅为孝怀帝，建造汉高祖以下三祖五宗的神位进行祭祀。接着刘渊封妻子呼延氏为后，并封刘宣为丞相，崔游为御史大夫，刘宏为太尉，由此建立了十六国时期第一个少数民族政权。

刘渊称帝，进攻晋都

刘渊自立为王后，发兵攻占了上党、太原、河东和平原等数个郡县，并得到了一些豪强地主的帮助，势力也越来越大。

这时，刘渊的谋臣王育等人向他提出了一统天下的战略：首先攻取河东，接着夺取关中，将关中作为根据地，和西晋争夺天下。刘渊按照他们的计划行事，领兵攻占了蒲阪（今山西永济）、平阳（今山西临汾），随后占领了整个河东，这也使得他声名远播，吸引了更多的人前来归附。

308年，刘渊觉得是征讨西晋的时候了，就正式登基称帝，仍以"汉"为国号。此后，又将都城迁到平阳（今山西临汾西南），随即大举攻打洛阳。然而，尽管洛阳的民众憎恨西晋的腐败和奢靡，可也不想让外族人统治中原。刘渊的军队遭到了司马越大军的顽强反击，受挫而返。

310年，刘渊病重，就封陈留王刘欢乐为太宰，长乐王刘洋为太傅，楚王刘聪为大司马、大单于，此后没多久就病逝了。刘渊虽出身于匈奴部落，却深受汉族文化的影响，他以友善的态度来对待汉人，因此在与西晋王朝的对抗中不仅获得了少数民族的支持，也赢得了一些汉人的拥护。他趁西晋政权日益腐朽，各处的流民相继举兵反抗晋朝统治的机会，率先在中原创立了少数民族政权，表现出了杰出的战略眼光。因此，刘渊受到后人的尊重，被认为是匈奴杰出的军事家、政治家。

魏纪·晋纪·宋纪·齐纪·梁纪·陈纪　　晋纪　　永嘉之乱

晋纪
永嘉之乱

刘渊去世后，太子刘和继位。不久，刘渊四子刘聪杀了刘和，登基为帝。311年，刘聪派大军攻打洛阳，俘虏了晋怀帝司马炽，同时纵兵烧掠，杀王公士民十万余人，史称"永嘉之乱"。之后，西晋朝廷将都城迁到长安，维持了五年岌岌可危的统治。316年，汉军攻占了长安城，俘虏了晋愍帝，彻底灭亡了西晋王朝。西晋是继西周后中国历史上又一个被少数民族灭亡的朝代。

弑兄称帝，血洗洛阳

刘渊死后，太子刘和登基。不久，刘聪弑兄夺位。刘聪从小就聪明好学，和他父亲一样，深受汉族文化的影响。十四岁时，刘聪就已经遍读经史以及诸子百家的典籍。他不仅精于孙武兵法，擅长击剑和射骑，在书法和辞赋上也颇有造诣，可谓是文武兼备。年少时，刘聪就游遍了京都洛阳，结交了很多名士、豪侠。此后，他被新兴人守郭颐看中，做了主簿，自此正式开始了为官之路。八王之乱时期，刘聪先是在河间王司马颙手下做赤沙中郎将，之后又投靠了成都王司马颖，做了右积弩将军，率军征战。

刘渊去世后，太子刘和登基为帝，但刘和生性多疑，对执掌着军权的刘聪有诸多猜忌，并打算除掉刘聪。刘聪在刘和举兵行动时，有备应战，杀死了刘和，随后自立为帝，将年号改为光兴。刘聪登基后，先后实行了一些改革政策，在政治、军事上也取得了一些成就。刘聪虽不如父亲刘渊那样足智多谋、敏锐果敢，然而他执政期间是匈奴汉国最为繁盛的时候。

正当匈奴汉国强大起来的时候，西晋的统治已日薄西山。306年，东海王司马越毒死了痴愚的晋惠帝，立晋武帝的第二十五个儿子司马炽为帝，即晋怀帝。此时的西晋，已经是一盘散沙，尽管外临强敌，却仍然内斗不止。虽然几次打退了刘渊的进攻，但也已耗尽了最后的国力。刘聪继位后，又一次向西晋发动进攻。东海王司马越独力难支，抑郁而终。311年，刘聪发兵两万七千人再攻洛阳。晋军连败十二阵，阵亡三万余人。汉军趁势攻下了洛阳，捉

▶（西晋）青釉谷仓罐
高42厘米，底径15厘米，腹围72厘米，由上下两部分组成。上部为两层堆塑装饰，上层中间立一楼阁，四角各一阙，阙之间各有一跪俑；下层两面各有一牌坊，四角亦各有一阙，另两面各有两跪俑。下部为一罐，腹部堆贴三组骑兽人和三组舞俑。

住了准备逃往长安的晋怀帝。刘渊的侄子刘曜带领将士烧毁了宫室庙宇，大肆抢夺金银珠宝，还对洛阳实行了大规模的屠杀，杀死了十万官员和百姓，史称"永嘉之乱"。

连杀两帝，灭亡西晋

攻占洛阳后，汉军押着晋怀帝返回了汉国的都城平阳。刘聪封晋怀帝为会稽郡公，并软禁了他。在此期间，西晋幸存的大臣们将秦王司马邺立为太子，并于长安设立了行宫。313年春节时，刘聪在平阳的朝堂上宴请群臣，见满朝大臣跪地朝拜自己，想着自己的卓越功绩，不禁沾沾自喜起来。当他看见坐在席间的曾经的君主晋怀帝时，便想侮辱他一番，于是他就让晋怀帝身着仆人的青衣衫，为席间的各个臣子斟酒。西晋的旧吏见此情形，不禁心生悲痛，当即大哭了起来。刘聪见了这样的场面，认为这些旧吏和晋怀帝的感情依旧很深，他们必定想着兴复晋朝。因此刘聪就起了杀心。他当即命士兵把席间的十几个西晋旧吏拉出去杀了，接着又逼晋怀帝喝毒酒自杀。

西晋幸存的大臣们得知晋怀帝被杀之事后，便拥司马邺登基为帝，即晋愍帝。316年，汉军攻占了长安城，俘虏了晋愍帝，彻底灭亡了西晋王朝。

▼（西晋）博山薰炉
北京顺义马坡大营村西晋墓出土。镂空博山盖，盖与炉身间有轴相连。炉身如半球体，敛口，鼓腹，上腹部有一道浅弦纹。圈底镂空，小蹄足。承盘为折沿浅盘，盘内底中央有莲花瓣纹饰。

魏纪·晋纪·宋纪·齐纪·梁纪·陈纪 　　晋纪 　　刘曜灭晋建前赵

晋纪
刘曜灭晋建前赵

刘曜是刘渊的侄子，自幼就失去双亲，刘渊称赞他为"吾家千里驹"，认为他会成为曹操那样优秀的人。后来，他果然如刘渊所言，成为刘家的柱石，为西晋王朝培上了最后一锹土。

▼（西晋）青瓷鸭圈（明器）
圈形似钵，四周有长方形镂孔，刻叶脉纹，圈内塑有三只形态各异的鸭。整器集雕塑、镂空、刻画等多种制瓷工艺于一体，造型别致，工艺精巧。

人小志大，与众不同

匈奴人刘曜，祖籍新兴（今山西忻州），字永明。刘曜自幼父母双亡，寄居于族叔刘渊家。他自幼聪明机敏，胆识超人。八岁时，他跟着刘渊去山上狩猎，赶上天降大雨，便随众人一齐到大树下躲雨。忽然间电闪雷鸣，其他人都扑倒在树下，只有刘曜从容地立在叔父身旁。刘渊十分惊讶地说道："此吾家千里驹也！"据史书记载，刘曜身材高大，相貌非凡。他善于作战，精于骑射，也擅长写作和书法。

刘曜十分喜好诵读经史典籍，还常常阐释自己对历史事件的看法。他抱负远大，常常以乐毅等良将自比，深得刘渊和刘聪父子的器重。刘曜曾遍游京城洛阳，结交和他志趣相同的人士，后因触犯律法被判死刑而逃亡到了朝鲜地区。直到朝廷大赦天下，他才又回到了洛阳。

攻破洛阳，灭晋立功

304年，刘渊建汉，年号元熙。这时，刘曜已经开始露出了锋芒。刘渊命他领军作战，他先后占领了泫氏（今山西高平）、屯留（今山西长治）、中都（今山西），为匈奴汉国扩大势力范围铺平了道路。

后来，刘聪即位，命刘曜带领兵马讨伐西晋。刘曜和刘粲领兵攻进了洛川，和西晋大军在河南地区激战，占领了晋军壁垒一百多处，接着就围攻洛阳。311年，刘曜和大将石勒、王弥的两路大军会师，占领了洛阳城。在刘曜的指挥下，汉军血洗了整个洛阳城，屠杀了西晋的官吏和民众三万余人，并大肆掠夺钱财，洗劫了所有的民宅和皇宫。之后，刘曜带着被擒的晋怀帝、羊皇后等人和传国玉玺得胜而回，返回了汉国都城平阳。刘聪大喜，升任刘曜为车骑大将军、开府仪同三司、雍州牧，并封他为中山王。

占领洛阳后，刘曜又奉命征讨关中一带，没多久就占领了长安，擒住了晋愍帝。

魏纪·晋纪·宋纪·齐纪·梁纪·陈纪　　晋纪　　刘曜灭晋建前赵

讨伐叛贼，建立前赵

318年，刘聪病亡，其子刘粲登基为帝。此后，匈奴汉国的局势有了巨大的改变。新帝刘粲不理朝政，沉迷酒色，他宠爱的妃子靳氏之父靳准逐渐执掌了朝政。不久，靳准看准时机发动了政变，先是杀了刘粲，接着又处斩了平阳匈奴刘氏的所有宗亲，甚至将已经去世的刘渊和刘聪的尸体挖出并抛弃在了荒野上。接着，他自封为大将军和汉天王，派使臣向东晋称臣。

那时刘曜正驻守长安，听说靳准反叛之事后，就亲自率领兵马返回平阳。在赤壁（今山西河津的赤石川），他碰到了逃出来的太保呼延晏和太傅朱纪。他们劝刘曜先自立为帝，再攻打靳准。于是刘曜就立即在赤壁自立为帝，改国号为赵，史称前赵。为了壮大自己的实力，刘曜封驻扎河北的羯族人石勒为大将军，和自己组成掎角之势，联手攻打平阳。不久，靳准的属下靳明杀了靳准，并将玉玺送给了刘曜，自请归降。石勒为此勃然大怒，率军攻占了平阳，公然和刘曜对抗。

这时，刘曜还没有在关陇一带站稳脚跟，关中、陇右地区的氐、羌等势力还常和西晋的残部一起攻打刘曜，严重威胁刘曜的统治。因此他升石勒为太宰、领大将军，厚待他，并封他为赵王，以稳定局势。

稳住了石勒后，刘曜就率领一部分士兵大举征讨关陇一带的氐、羌等势力。320年，刘曜剿平了属下长水校尉尹车的叛乱，镇压了巴、氐等的叛乱，以及奉州陈安的反叛势力。之后，他又带领二十五万兵马征讨凉州的张氏势力，并获胜。

其兴也勃，其亡也速

虽然刘曜的势力得以迅速扩张，却也应了荀子"兼并易能也，唯坚凝之难焉"的古语。刘曜占领了关陇一带后，就盲目骄傲起来。他大兴土木，为双亲修筑陵墓，耗费了大量的财力物力。

而此时，石勒则在积极地扩张自己的势力。325年，石勒的属下石生领兵攻打新安，正式揭开了战争的序幕。328年，石勒率领三路兵马攻打刘曜，在洛阳大破刘曜的军队，并活捉了受伤的刘曜。石勒命刘曜给其子刘熙写信，要他归降，刘曜不从，最终死在了石勒手上。第二年，前赵军再次大败于上邽（今甘肃天水），太子刘熙等人惨死，前赵就此退出了历史舞台。

▶ （西晋）青瓷羊尊
胎体较厚重，釉层厚润均匀，釉色以青灰为主，装饰精致。

魏纪·晋纪·宋纪·齐纪·梁纪·陈纪　晋纪　司马睿建东晋

晋纪

司马睿建东晋

刘渊起兵后，中原的形势越来越混乱。晋朝琅琊王司马睿采用王导的谋略，请求去镇守建邺，等待时机复兴晋室。在王导、王敦等人的帮助下，他宽待建邺的地方势力，着力平叛，经营了将近十年，终于在江南站稳了脚跟。316年，刘曜占领了长安，西晋覆灭。次年，司马睿即晋王位。318年，司马睿称帝，仍以晋为国号，史称"东晋"。由此，中国历史进入了东晋和北方十六国相持的时期。

琅琊王十年伺良机

司马睿是司马懿的曾孙，司马觐的儿子，字景文，出生在洛阳。司马觐死后，司马睿依照惯例承袭了父亲的琅琊王爵，那年他才十五岁。就在这一年，晋武帝司马炎辞世。即位的司马衷愚笨，不能执掌大权，因此宫廷内为争夺权位展开了激战。

时势险恶，司马睿虽是皇亲国戚，却没有权势，为了保住性命只能尽量不参与政事。偌大的洛阳城，只有王导和他走得近。王导，字茂弘，是北方贵族琅琊王氏的后人，也是名贯京都的王衍的族弟。王导颇具才识，很有抱负，想借司马睿

▲晋元帝司马睿像

司马睿（276~322），字景文，西晋皇族，琅琊恭王司马觐之子。西晋灭亡后，迁徙江南，依靠江南士族东山再起，复兴晋室。庙号中宗，谥元皇帝。

这个王室宗亲的力量成就一番事业，因此多次劝说司马睿离开洛阳，返回自己的封地，暗地里扩展势力。可惜司马睿一直没找到好的时机。

304年，诸王的争斗到达了顶峰。成都王司马颖逼迫惠帝立他为王位继任者，随后返回封地邺城，遥控朝政。司马颖残暴独断，招致了一些权贵的憎恨。时任尚书令的东海王司马越借此时机以惠帝之名发布檄文，召集四方将士讨伐司马颖。司马睿借机投靠了司马越，参与了这场战斗，任左将军。

双方在荡阴（今河南汤阴）展开激战，最终司马越战败，逃往自己的封地。司马颖胁迫晋惠帝和跟随部队的司马睿等大臣返回了邺城，杀了战前劝自己投降的司马繇。司马繇是司马睿的叔父，司马睿担心此事会牵连到自己，就寻机逃离了邺城，到洛阳接了自己的家人往琅琊（位于今山东）避难去了。307年，掌握西晋政权的东海王司马越命令司马睿镇守下邳（今江苏睢宁西北），总督扬州军事。后来，在王导的建议下，司马睿移镇建邺（今江苏南京）。

在西晋宗室中，司马睿没有多大的声名和权势，因此江南的士族并没有积极拥护他。

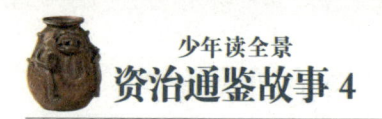

匈奴人面形铜饰牌

辽宁平岗出土,高5.5厘米,存宽5厘米,虽残缺过半,但尚存完整的人物形象。人面深目高鼻,颧骨较高,有胡须,长辫自头后直拖到臀部。身穿长衣,腰系革带,穿窄靴,与史书所描述的匈奴人的形象相符。

王导知道,想在江南稳住阵脚,一定要得到这些士族的帮助。因此,他将自己的堂兄、担任扬州刺史的王敦请了过来,和他一起商讨策略。

308年春,司马睿按照当地的习俗,到江边祈福。侍从们将琅琊王的大旗高高地举起,王敦、王导等众多江北名士众星捧月般簇拥左右。江东的百姓非常惊讶于这盛大的仪仗和庄严的阵列,全都在路旁跪拜。江东的士族们见状,也纷纷参拜司马睿。由此,司马睿逐渐稳固了自己的权势。

同年,刘渊自立为帝,并于次年接连两次征讨洛阳。当时掌权的司马越调集各地人马支援京城,司马睿也奉命抗击汉军。

兴复晋室,建立东晋

313年,被俘的晋怀帝司马炽死于刘聪之手,秦王司马邺在长安登基为帝,即晋愍帝。晋愍帝将年号改为建兴,命司马睿为左丞相、大都督陕东诸军事;命秦州刺史南阳王司马保为右丞相、大都督陕西诸军事。

此后,愍帝依"分陕而治,挟辅天子"之说,重新分封司马睿等人,想趁机笼络他们,以此来征调各路大军抵抗入侵的刘聪、石勒军,解除长安被围之困。可是司马睿却以"方平定江东,未暇北伐"为由,拒绝接受愍帝命他攻打洛阳的旨意。316年,刘曜发兵攻打长安。晋愍帝由于势力太弱,只得弃城归降了刘曜。至此,西晋覆灭。

317年,司马睿自立为晋王,广辟掾属,为之后创立东晋打下了根基。318年,晋愍帝被杀。司马睿穿着丧服为晋愍帝举行丧礼。之后,司马睿登基为帝,即晋元帝。因国号仍为"晋",且建都于江东,因此历史上就称此王朝为东晋。尽管司马睿延续了晋室,可东晋只统治着半壁江山。

王与马,共天下

司马睿得以在江东立国,王导功不可没。是他首先向司马睿提议南下,把复兴晋室的基地转移到江东;之后,又是他促成南北名门望族联手,稳固了司马睿在江东的地位。凡此种种,使得司马睿对王导十分倚重。司马睿即位那天,群臣来到宫中参拜。司马睿竟拉住王导,让他和自己同坐御床,接受群臣的参拜。王导自然不肯从命,但从此事中也足见司马睿对王导的重视。

司马睿登基之后,封王导为丞相,处理朝中大事;命王导的堂兄王敦督察六州军务,王氏家族的大部分人也都在朝中担任了要职。所以事实上,司马睿和王氏家族一同统治着东晋王朝,因此民间开始流行"王与马,共天下"一说。

可是王敦执掌兵权后,就狂妄自大起来,完全无视司马睿的存在。司马睿觉得王敦很是专横,开始不满意目前这种"王马共天下"的局面。

于是,司马睿把刘隗、刁协视为亲信,暗地里策划着,企图铲除王敦集团。可王敦先下手为强,自武昌发兵战胜了刘隗,刁协也被杀害,之后由于王导的劝告,王敦才撤回了武昌。此后,王家依旧执掌着东晋大权。司马睿无计可施,抑郁而终,才创立没多久的东晋朝廷内部开始出现了裂痕。

少年读全景
资治通鉴故事 4

▶▶ 魏纪·晋纪·宋纪·齐纪·梁纪·陈纪　　▶▶ 晋纪　　▶▶ 大秦天王苻坚

晋纪
大秦天王苻坚

苻健之侄苻坚不仅学识渊博，而且足智多谋。357年，苻坚在各族豪强的拥护下，将暴虐的堂兄苻生杀死，自任大秦天王。他任用贤能，励精图治。在他的治理下，前秦国内相对安定，呈现出一派欣欣向荣的景象。在此基础上，前秦逐渐强大，于是苻坚集中氐族武装力量，开始了统一黄河流域的征战。382年，前秦统一整个北方，与东晋形成南北对峙的局面。

有德者昌，无德者亡

苻坚，字永固，略阳临渭（今甘肃秦安东南）的氐族人。他是前秦建国前驱苻洪之孙、建国者苻健之侄。苻坚的父亲是苻雄，苻雄辅助兄长苻健登上帝位，为了赏其功劳，苻健封他为东海王。苻雄去世后，苻坚继承爵位。

355年，苻健因病去世，他的儿子苻生即位。苻生性情暴虐，视人命如草芥。他自小失去一只眼，不愿别人在自己面前说"缺""残"等字，即使有人无意说出也不能免于责罚，苻生要么将其处死，要么断其手脚，由此朝中伤残之人倍增。苻生性情怪异，有一次他问大臣："天下之人认为我怎样？"谁口吐实话，用心规劝，

谁就被以诽谤罪杀掉；可谁谄谀奉承，说好话给他听，他又觉得这人献媚，也同样杀掉。朝中大臣个个心惊胆战，苻生若因病或耽于玩乐而不上朝，他们往往兴奋得如遇大赦，觉得又可侥幸多活一天。

在这样的统治下，人人惶惶不可终日，都盼着君位换一个人坐，而众望所归的人选正是苻坚。苻坚一直在暗中准备，等候时机。后来，他觉得时机成熟，便集合下属，乘夜闯进了苻生的宫殿。烂醉如泥的苻生在睡梦中被结束了生命。在众臣的拥护下，苻坚成为新君，号称大秦天王，改元永兴。

继承大统，励精图治

残暴昏庸的苻生使前秦国内一片混乱，加上时而袭来的水旱之灾，百姓生活在水深火热之中，苦状难言。苻坚即位后立志稳定形势，改变

▶惶惶不可终日的大臣们
苻生性情暴虐，视人命如草芥。大臣们终日心惊胆战，害怕大祸临头。如果苻生因病或耽于玩乐而不上朝，他们个个如遇大赦，觉得又可侥幸多活一天。

〇五五

现状。

苻坚虽是氐人，但受汉族文化影响很深，他渴望前秦成为一个各民族友好共处、统一富强的国家。因此，他用人不偏不倚，既起用鲜卑、羯、羌等族之士，也努力同汉族权贵搞好关系。他广泛招揽贤才，任用了一批德智双全的汉族官员，其中就有出身低微的王猛。

当时前秦混乱不堪，长时间的战争耗费了大量物力财力，国内经济衰落，各种冲突不断，形势十分严峻。针对这种局势，王猛给苻坚提了诸多应对策略。例如打压氐族权贵，巩固中央集权；严惩违法的氐族权贵，维护皇帝的权威。

推行教化，任人唯贤

在苻坚的治理下，前秦的国内形势渐渐好转，长安城中"路不拾遗，风化大行"，民风大大改善，社会也比较安定。在解决了官员收受贿赂等问题后，苻坚又开始大力兴办教育，他从小学习汉族文化，十分尊崇儒家经典，先后建立了太学及地方学校，令公卿以下官吏的子孙入学读书。他还亲任太学主考，奖励优秀学生。

此外，苻坚让地方的上下官员都举荐贤才，分派到各级权力机关。对于推举者，苻坚也是多举荐多奖赏，若被举荐者无才无能，举荐者还要受罚。他还下令说，官俸百石以上者必"学通一经，才成一艺"，达不到要求就免职。在苻坚的提倡下，前秦出现了争先学习、修身养德的风气。此时的前秦"士皆自勉，才贤众多"。

国强民安，统一北方

在王猛的辅助下，苻坚的改革措施取得了极好的成效。前秦的经济实力逐渐得到恢复和发展，关陇一带出现了"田畴修辟，帑藏充盈"的局面，国家安稳，百姓富足。

前秦国力稳步上升，而周围各国却日渐衰落，于是苻坚开始向外扩张。建元六年（370），王猛以少胜多，将前燕消灭。接着，苻坚消灭了前凉，分化了代国，此时前秦空前强大，中国北方在西晋覆灭后重新得到统一。

成就如此功业之后，苻坚的骄矜之心渐生，他一改过去的节俭之风，变得奢靡起来。大臣们纷纷规谏，尚书郎裴元略进言："从前史来看，皇帝厉行节俭，勤于朝政，国家才可获得安定，若皇帝贪图享乐，国家就将灭亡了。还望陛下以此自戒，恤民务政。因为这样才可使国家久安，百姓久乐，才能一统天下，成就宏业。"苻坚听取了他的谏言。遗憾的是，苻坚并未能够一直从谏如流，他后来不听众臣意见，固执地进攻东晋，在淝水之战中兵败，遗恨千古。

▲（东晋）盖罐
江苏泰州海陵出土。直口、短颈、平底。肩部置六桥形系，前后两对，左右各一。米灰色胎，内外遍施青黄色釉，釉质稀薄。

少年读全景
资治通鉴故事 4

魏纪·晋纪·宋纪·齐纪·梁纪·陈纪　　晋纪　　王猛扪虱论天下

晋纪
王猛扪虱论天下

王猛是前秦皇帝苻坚的重臣，他帮助苻坚处理军国大事，使得前秦一度繁荣。他曾经与桓温扪虱论天下，被后世传为佳话。不过王猛年仅五十岁就去世了，给苻坚留下了不可攻晋的遗言。但苻坚没有听从王猛的话，最终在淝水之战中惨败，前秦从此一蹶不振。

人穷志不短，扪虱论天下

王猛，字景略，是十六国时期著名的政治家、军事家。他幼时家中贫困，曾以卖簸箕为生，但他好学喜书，因此学问很深。王猛为人谨严，很有气度。当时关中士族中的一些虚荣之人因他出身卑微而看不起他，他也不愿与这些人为伍，一点也不在乎他们的轻视。后来他隐居在华阴山，等候识才之人到来。

此时的北方战争很多，氐族的头领苻洪趁乱称王，但不久就遭到暗杀。之后他的儿子苻健继承父志，于351年攻下关中，以长安为国都，建立秦国，次年称帝，实力不断壮大。354年，桓温率晋军北征，曾驻扎在灞上，王猛听得此信，便去桓温处求见。

桓温对这位衣衫褴褛、神情严肃的人感到好奇，他想知道王猛的才学如何，就让他分析一下当前的天下大势。王猛侃侃而谈，论说南北双方的政治、军事得失，十分精辟，可谓见识不凡，令桓温惊叹不已。王猛一面论说国家大事，一面伸手捉身上的虱子，桓温身边的卫士见到了，忍俊不禁，王猛则毫不在乎，继续谈论。桓温问王猛："我受了天子之命，统率大军讨伐夷族，解救百姓于水火，这是顺应民心之事，可关中豪强为什么没有人应声而起呢？"

王猛神色泰然，回答说："您率军深入，远来不易，可现在长安城就在近处，您却不立刻渡灞水击敌，百姓都不知您打算干什么，所以无人响应啊！"王猛的话就是说桓温不是真心为民而来，而是想立功扬名，向晋帝请功受赏。

桓温被王猛说中了心事，不知如何回应，他想了很久，终未作出正面回应。后来桓温缺少粮草，加上前秦军队不肯出战，只得率军回去。桓温欣赏王猛的才能，就请他一同南归。王猛不知如何抉择就回去问老师，他老师说："你愿和桓温之类的掌权之臣同朝为官吗？还是留下吧，在此就可显达，不用去那么远的地方。"于是王猛就谢绝了桓温的好意，仍隐于山中。

出仕前秦，一展奇才

355年，苻健因病去世，苻生继承父位。苻生生性暴虐，毫无怜悯之心，多行杀罚，尽失人心，仅两年时间就让前秦动乱不堪。苻健有个侄儿名叫苻坚，此人颇有才气，且到处寻觅贤人能士，心

◀（西晋）越窑青釉堆塑谷仓
又名丧葬瓶、魂瓶，此类瓶由汉代的"多管瓶""谷仓罐"发展而来，为三国西晋时期专为陪葬烧制的冥器，流行于东南沿海地区。古人"事死如事生"，所以谷仓亦称"魂瓶""皈依瓶"，生者希望逝者凭此丰衣足食，还魂复生。

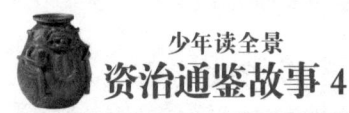

存取代苻生之意，以期好好整顿国家。于是，尚书吕婆楼将王猛举荐给了苻坚，他称赞此人的文韬武略极为难得，不过现在隐居不仕。苻坚就让吕婆楼去拜见王猛，请他出仕。苻坚和王猛一见如故，他们谈论国家兴亡，极为默契，彼此心中都暗暗称奇。

357年，苻坚开始行动，将苻生杀死，自称皇帝，号大秦天王。他拜王猛为中书侍郎，掌管政治、军事机密。当时，前秦的氐族权贵势力很大，始平县的氐族豪贵仗着功劳多而不顾法纪，到处惹是生非。始平县邻近长安，地理位置显要，苻坚就把王猛调到那里做县令，让他治理此地。王猛一上任就用一整套法律来管束那些权贵，他为官公正，严格执法，不讲私情，得罪了很多氐族的权贵。王猛还处死了一个罪大恶极的官吏，这使氐族权贵大怒，他们共同向朝廷上书，请求严惩王猛。苻坚亲审王猛，王猛据理力争，将整件事情的来龙去脉说得一清二楚，还分析了自己判决的依据。苻坚就此明白了治国必须德威并用，不可只偏用德治，于是马上放了王猛，并让他代替程卓为尚书左丞，负责监察百官。从此，苻坚更加倚重王猛。

身居高位，惹人怨恨

王猛后来又接连被升迁为咸阳内史、京兆尹，不久又被任命为吏部尚书和太子詹事等，在一年中升官五次。此时他才三十多岁，手掌大权的他用心为国效力，以此回报苻坚的知遇之恩。

王猛如此年轻就手握重权，身居高位，还是个汉人，很自然地引起了朝中那些旧臣贵戚们的不满。樊世曾跟随苻健征战，为前秦的建立立过

◀（晋）青釉堆塑塔楼

功，他出身于氐族将门，很瞧不起王猛这样出身寒微的文人。他觉得王猛是个碰上好机会的小人，曾在众目睽睽之下指着王猛骂道："我们费尽心血帮主公打下江山，现在却让你这个无功小人来管国家大事，这岂不是我们耕地而你吃白食！"王猛也不客气，回敬他说："岂止耕地，你们还得为我做饭呢！"樊世怒气冲天地说："我要是不将你的头割下来挂在长安城门之上，我就去自杀！"过了几天，他俩在苻坚跟前又吵了起来，樊世当面就想打王猛，还恶言相向。苻坚看樊世太不像话，同时他也早想给氐族的贵戚一点颜色看看，于是将樊世定了死罪。苻坚杀鸡给猴看，氐族贵戚的气焰从此被压制了下去，他们再也不敢明目张胆地生事了。

君臣相得，鞠躬尽瘁

王猛治国严谨，赏罚分明，前秦的推举赏罚制度和官吏考核标准就是他制定的；他还着力发展教育，为国家储备人才；同时修建水利工程，鼓励发展农业。他的一系列政策让前秦逐渐崛起，成为当时的强国。他还是一个优秀将领，曾多次领军征战，消灭了前燕、代国和前凉，占据了黄河流域，为前秦一统北方打下了基础。

因为劳累过度，王猛于375年病倒。他临终前劝苻坚说："尽管东晋偏安江南，可它继承了晋朝的正统，君臣和睦。我死之后，陛下切不可攻晋。秦国的主要敌人是鲜卑人和羌人，要将精力放在消灭鲜卑人和羌人上，以免留下后患，如此才可使大秦国泰民安。"不久，王猛在长安病逝。

魏纪·晋纪·宋纪·齐纪·梁纪·陈纪　　晋纪　　淝水之战

晋纪
淝水之战

苻坚统一北方后过于自大，忘记了王猛"切勿进攻晋朝"的遗言，一意孤行，举兵南征。结果，他引以为傲的百万雄兵在淝水之战中溃不成军，被八万晋军打得落荒而逃。此战之后，前秦实力大减，各族将领纷纷自立，刚刚统一的北方再次陷于分裂。

不听劝阻，执意南征

苻坚勤理国政，任用贤能，用二十年的时间使前秦强盛了起来，基本统一了北方。东晋此时尚偏安南方。379年，攻下东晋的襄阳后，苻坚觉得消灭东晋、统一天下的时机已经成熟，于是决定向晋出兵。王猛去世前曾告诫苻坚不要攻打东晋，专心对付鲜卑人和羌人，因为这两个民族才是前秦最主要的敌人。可苻坚早已被胜利冲昏了头脑，哪里还记得王猛的嘱咐。他不但一意孤行，还十分信任鲜卑贵族慕容垂和羌族贵族姚苌，这无异于自掘坟墓。

382年秋，苻坚召开御前会议。他说："我治国已经近三十年了。如今别的地方都已归服，只余下偏居东南的东晋。现在我想发动国内的百万精兵，亲自讨伐东晋，你们觉得如何？"大臣权翼说："东晋的国势虽然弱，可在晋君的治理

▼淝水之战

少年读全景
资治通鉴故事 4

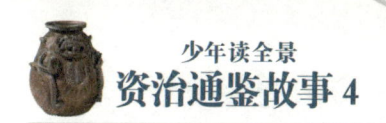

▶▶ 魏纪·晋纪·宋纪·齐纪·梁纪·陈纪 ▶ 晋纪 ▶▶ 淝水之战

▲（魏晋）玉兽
汉至魏晋时期，玉兽多作为玉镇用。在古代，人们吃饭时，坐席的前部一般都放上铜镇或玉镇，这一习俗在战国时期就有。

下，晋国政治清明，晋君也并无什么过失；再说东晋现在有谢安、桓冲等贤人辅政，他们上下同心，又有长江天险的保护，恐怕现在还不是灭晋的时候。"苻坚的脸顿时沉了下来，大声说道："长江算什么，我们有百万雄师，每人把自己的马鞭扔到江中，都能将江水截断，东晋还有什么险可凭！"众臣争论了很久都没有达成共识，苻坚十分不满，怀怒离座。大臣们走后，苻坚对他弟弟苻融说："古往今来，决定国家大事的不过是一两个人，这件事还是你我来决策吧。"苻融诚恳地说："陛下，我们打仗多年，兵马疲惫，士兵们都不愿出去打仗了。刚才劝陛下不要出兵的都是国家的忠臣，还望您能采纳他们的意见。"

苻坚没有料到自己的弟弟也不与他同心，沉下脸说："你也说这种丧气话，我该同谁来定天下大事啊！我秦国有百万之师，粮草充足如山，我就不信攻克不了弱小的晋国！"苻融垂泪而谏："当前真的不是伐晋的时候啊，都城中有这么多的异族势力，他们都是不稳定因素。您远征在外之时，他们若趁机作乱，后果将不堪设想！您难道忘了王猛的遗言吗？"苻坚还是没有听进去。前燕降将慕容垂和羌族首领姚苌心怀鬼胎，想趁苻坚南征之机渔利。二人竭力劝说苻坚伐晋，声言"独断"正是霸君的作为。最终，苻坚于383年下诏出兵伐晋。

轻敌遭败，草木皆兵

383年夏，苻坚下了征兵令，命百姓中每十名男子出一人为兵，富贵之家二十岁以下的健壮子孙则都编进了御林军，如此一来，他一共集合了九十万兵力，号称百万，相继进赴江南。军队绵延千里，颇为壮观。苻坚想凭着具有压倒性优势的兵力，一举拿下东晋。大军压境，东晋朝廷十分惊恐，而丞相谢安则神态如常，力主抗战。他用心经营，作了全面的准备，令弟弟谢石为征讨大都督，侄子谢玄为先锋，带领极具战斗力的精兵"北府兵"顺着淮河西上，对阵秦军主力。

东晋军队虽仅八万人，可军势甚盛，毫不逊于前秦大军。大将胡彬带着五千水军支援战略要地寿阳（今安徽寿县），桓冲则带军据于荆州，防止秦军渡江。同年冬，谢玄令猛将刘牢之领五千精兵突袭洛涧，前秦将领梁成率五万部卒迎战晋军，淝水之战正式开始。刘牢之分兵绕至秦军之后，切断其归路；自己则领兵强行渡过洛水，攻击秦军。秦军不敌，只一会儿工夫就散乱不成阵形，统帅梁成和弟弟梁云战死，秦军争渡淮河保命，此战中共损失一万多人。洛涧之战的胜利使晋军士气大增。谢石带军水陆并进，一直到达淝水（今安徽寿县南瓦埠湖一带）东岸，在八公山山脚下安营扎寨，同驻扎在对岸的秦军相持。苻坚登上寿阳城楼，放眼一望，只见对岸的晋军队列严整，杀气甚盛。连八公山上的草木也被他看成晋兵，此情此景让他心中慌乱。"草木皆兵"这一典故即由此而来。

风声鹤唳，前秦危亡

秦军紧靠淝水西岸列阵，晋军过河不能立足，两军只能隔河相峙。谢玄让使者过去见苻融，使用激将法，问他敢不敢先让秦军后退，待晋军过河后再决一死战。秦军将领都不同意，可苻坚决定将计就计。他认为先让自己的军队后退，等晋军渡河渡到一半时再用骑兵冲击，就能取胜。苻融十分赞成，于是同意后撤。可秦军士气不高，一后撤就乱了阵形。于是，谢玄带着八万东晋骑兵抢渡淝水，进击秦军，苻融战死。秦军乱了方寸，前锋的退败让后面的军队也惊慌失措，四处逃亡。秦国败兵不敢稍加停留，听到风声及鹤叫也恐慌不已，以为是晋军追上来了。晋军乘胜追杀，秦军人马乱踩，死伤无数，尸横遍野，血流成河。苻坚在战乱中中箭受伤，单骑奔回洛阳。

东晋取得了淝水之战的胜利。这场战争是十六国时期规模最大的一次战争，苻坚一统天下的梦想在这次失败中彻底破灭，刚刚统一的北方再次分裂，鲜卑族的慕容垂和羌族的姚苌集结了势力，各自建立了政权。淝水之战两年后，苻坚被姚苌杀害，前秦随之灭亡。

▶寿县城门
寿县古城位于安徽中部、淮河中游南岸，是淝水之战的古战场，城墙坚固，气势雄伟，迄今仍保存完好。

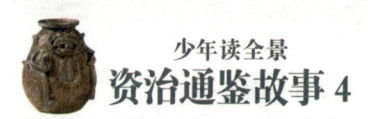

谢安东山再起

谢安出身于东晋的大族，身世显贵，但却不愿为官，而是隐居于会稽，整日吟诗作赋。当时的士大夫中有这样一句话："谢安不仕，天下百姓该怎么办呢？"由此可见他的名望与才能。四十多岁时，谢安才"东山再起"，出山为官，并且凭借卓越的才能在历史上留下了光辉的一笔。

▶（东晋）四系罐

罐为远古时代人们生活中不可或缺的盛贮器，新石器时期已有。肩部带系的罐，在两晋南北朝时期非常流行。系原为结绳挂置而设，但后来已不具备实用功能，只是一种对称的装饰。

不少人来请他出山为官，不过都被他拒绝了。

那时，谢氏族中人才辈出，谢安的堂兄谢尚已当上了豫州刺史，谢安的兄弟也纷纷出任高官，谢家门面甚是光辉，而谢安却整日与文士游山玩水，不愿当官。许多有才识的人都为他感到可惜，有人还说："安石不出，当如苍生何？"不过也有人认为谢安太清高狂妄，竟无视皇权，他们还上书请求治他的罪。

谢安对别人的议论不屑一顾，不过他没能一直隐居下去，他弟弟谢万出事后，他的人生就此改变。

隐居东山，无意仕途

谢安（320～385）是陈郡阳夏（今河南太康）人，字安石。陈郡谢家是当时有名的大家族，在永嘉之乱中跟随元帝过江东迁。谢安小时候就很聪明，在这样的家庭中，他又受到了极好的教育，长大后越来越显示出非凡的气度，颇有名家风采。时任尚书吏部郎的桓彝（桓温的父亲）赞叹说："这孩子风骨清俊，以后的地位定能与王承相比。"王承是东晋初期的大名士，桓彝拿谢安与他比，自然是对谢安非常看重。

谢安虽然出身名门，可成年后的他不愿置身于争名夺利、尔虞我诈的官场，更不愿意借家庭的威望得仕，于是他整日闲居于会稽东山地区。会稽有山有水，山明水秀，如此去处，自然少不了文人雅士。谢安在此与王羲之、许询、孙绰、李充等名士同游山水，或作诗或作画，逍遥自在。谢安才华出众，又声名远播，虽隐居于此，还是有

出山做官，力挽狂澜

谢万官居西中郎将，管理青、豫、冀、并四州的军事，位高权重，可是他高傲自大，不知道善待下属。谢安经常劝他，可他就是不听。359年，谢万率军北征，结果惨败，他因此被罢官，谢氏家族在朝中的权势受到极大削弱。

谢安在弟弟被免官后出山做官。他先是当了征西大将军桓温的司马，在谢万因病去世后，他又改任吴兴太守。

东晋朝廷在咸安年间政局动荡，桓温领军进行了第三次北征，攻打前燕，不料被前燕名将慕容垂打得大败而归。桓温回来后不久就废了司马奕，拥立会稽王司马昱为帝，即简文帝。谢安发觉了桓温觊觎皇位之心，决定帮助朝廷，不让桓温得逞。

简文帝在位不到两年就悒郁而逝，他将皇位

少年读全景 资治通鉴故事 4

▶▶ 魏纪·晋纪·宋纪·齐纪·梁纪·陈纪   ▶▶ 晋纪   ▶▶ 谢安东山再起

传给了太子司马曜。而桓温一直想让简文帝逊位给自己，此时他大失所望，于是带军至建康，阴谋以武力争夺皇位。谢安沉着应对，以妙计消除了这场危机。回军途中，桓温染上重病，仍心系皇位，他给朝廷上书请求恩赐他九锡之礼。谢安从中机智地斡旋，延迟赐封的时间，使桓温至死也没见到朝廷的封赐文书。谢安后来又当上了尚书仆射兼吏部尚书，东晋的国政已被他握在手中。

虽然桓温夺权之危已经化解，可东晋政权仍然处于不安之中。朝廷内部，皇族与公卿士族间的矛盾、公卿士族之间的矛盾一直没有消失；而外部又受到实力不断壮大、且已统一了北方的前秦的威胁。内忧外患，一时并起。

镇定自若，决胜千里

一场危机于东晋太元八年（383）悄然降临，前秦皇帝苻坚下了决心统一南北，他统领百万之师南下灭晋。闻知消息的东晋朝野皆乱，人人都认为抵挡不了前秦的进攻，而谢安在这紧急关头表现出了宰相气量，他举止不乱神色如常。朝廷任命他为征讨大都督，主掌军权。他令弟弟谢石、侄子谢玄、儿子谢琰等人领八万晋军迎敌。行军之前，谢玄想知道叔父如何打算，就请他明示，谢安镇定自若地说："到时我会下命令的，你先去吧。"之后就不再言语了。

荆州的守将桓冲心中也是焦躁万分，他特意派了三千精兵过来援助朝廷，不过却被谢安拒绝了。众人对谢安能否使东晋转危为安疑虑重重。实际上，谢安怎能不着急呢，只是他身为东晋宰相，身系国家安危，他若表现出焦躁之情，那么整个国家就会方寸大乱，因此他只得隐藏心中的烦乱，定下心来安排大局。他一面稳定人心，一面从容地准备战事。后来，谢安与客人在府中下棋时，

▲东山携妓图
这幅画描绘了东晋名臣谢安的事迹。谢安早年曾隐居于会稽（今浙江绍兴）东山，整日纵情诗酒，出游必携歌妓同行。

少年读全景 资治通鉴故事 4

| 魏纪·晋纪·宋纪·齐纪·梁纪·陈纪 | 晋纪 | 谢安东山再起 |

▲东山报捷图
淝水之战中，东晋宰相谢安作好战略部署后，便在家中与客人下棋。他神色平静，镇定自若，似乎一点也不担心战况。

淝水之战的捷报传了过来。他接过看后就扔在了一边，不动声色继续下棋。客人却忍不住了，问他情况如何，谢安平静地说："小儿辈已经破敌。"可是棋终送走客人后，谢安再也无法控制自己的兴奋之情，回内室之时，他竟忘了抬脚跨门槛，结果把鞋底的木齿都撞断了。

无辜遭猜忌，贤臣终离世

淝水一战大大提高了谢安的名望，不过同时他也受到琅琊王司马道子的疑忌，司马道子时不时地在孝武帝面前进谢安的逸言。谢安也察觉到自己的处境不妙，想寻机离开朝廷。

太元十年，前秦国内起了内乱，苻坚派人求东晋出兵帮助平定。谢安请求自己前去，然而他尚未出发就身染重病，不久就去世了。孝武帝觉得很惭愧，为他举行了庄严的悼念仪式，还追封他为太傅，百姓们将他尊称为"东山贤人"，史书上还称他为"江左第一风流丞相"。

▲（东晋）青釉加彩四系壶
盘口，短颈，溜肩，圆腹，平底，肩部有四对称系，通体施青釉，有褐色斑片。褐斑装饰始见于西晋晚期，至东晋广为流行，多饰于器物口沿部位。

少年读全景资治通鉴故事 4

—— 魏纪·晋纪·宋纪·齐纪·梁纪·陈纪 ——

宋 纪

公元420年~公元479年

少年读全景
资治通鉴故事 4

魏纪·晋纪·宋纪·齐纪·梁纪·陈纪　　宋纪　　刘裕灭东晋建宋

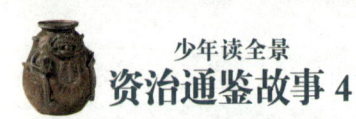

宋纪
刘裕灭东晋建宋

皇位自古以来就不易得，生于皇室之中有时得经历一番明争暗夺，生于普通人家，登上皇位更是困难重重。刘裕就是生活在乱世之中的一个普通人，然而这个普通人却通过自己的努力登上了皇位。他所建立的刘宋政权，虽不像西汉那样强盛绵长，可也在纷争之世铸就了一段辉煌。

穷苦出身，军营发迹

刘裕生于丹徒县京口（今江苏镇江），与汉高祖刘邦有远亲，是刘邦的弟弟刘交的后代，先祖世代为官，不过渐渐失了势。刘裕的父亲刘翘青年时是郡中的功曹，专职抄写文书，职位很低，俸禄不高，因此家境艰难。刘裕的母亲在他出生后就死了，刘翘没钱抚养他，就想抛弃他。幸好刘裕的姨母，即同郡刘怀敬的母亲听说了此事，忙赶过来阻拦，并把刘裕接到家中，用自己的乳汁喂养他。刘裕的小名因此叫"寄奴"。

不久，刘翘又迎娶了一位大家闺秀萧文寿，她的祖父萧亮曾任御史，父亲萧卓曾任洮阳县令。然而萧文寿没有一丝骄矜之气。她成亲后，很快说服丈夫将刘裕接回家中，并真心实意地关爱这个身世凄凉的孩子。

长大后的刘裕气度不凡，而且他勤奉继母，因孝顺闻名于世。由于家中贫穷，他没受过什么教育，也没什么靠山，因此他就在集市上卖草席养家。他也曾耕田务农，伐薪砍柴，还因欠过别人赌债被人捆打，可以说吃尽了苦头，历尽了人世沧桑。

刘裕不是一个向困难妥协的懦弱之人，他有勇气，而且很聪明。后来，他投身军营，军事生涯让他有了刚强的意志。他多次立下大功，逐渐从不知名的小卒升到大将军之职。由于出身寒微，他很理解百姓的苦难，因此他任大将军时，以身作则，军纪严明，深得民心。

复晋有功，大权在握

东晋安帝年间，以桓玄为领袖的地方割据势力大肆扩张。桓玄野心极大，妄图称帝，相继将其他割据势力吞并，拥有了长江中游以西的大片地区，后来又挥军向东，攻下了晋都建康（今江苏南京）。之后，桓玄废黜了晋安帝司马德宗，自己称帝，国号为楚，并改元永始。

然而，桓玄称帝后倒行逆施，放纵欲望，贪

◀宋武帝刘裕像
南朝刘宋政权的建立者，曾为东晋将领，率军灭南燕、后秦，于420年代晋自立，登基称帝。

魏纪·晋纪·宋纪·齐纪·梁纪·陈纪　　宋纪　　刘裕灭东晋建宋

图享乐，不理政事，法令无常，还大兴土木，使得国家混乱，社会动荡。朝中官员、仁人志士本还希望他能够有所作为，但结果还是让人大失所望。而这时吴地发生了饥荒，朝野人心不安，怨气冲天，全国一片萧条之景。于是，刘裕在此期间笼络各地豪强，壮大自身实力。不久，刘裕觉得时机成熟，就同何无忌等人兴兵反楚。他领兵至军事要地京口（今江苏镇江），向建康进发，一举破城，歼灭了桓氏宗族，恢复了晋朝的统治。晋安帝司马德宗归建康，封赏平乱功臣。刘裕理所当然是大功臣，安帝命他都督扬、荆、徐等州军事。

几年后，南燕的慕容超多次侵犯东晋的淮北，杀了诸多官员，还掠夺民财，百姓苦不堪言。为了提升自己的威望，刘裕请求出兵伐南燕。他领军北上击燕，数月后南燕覆灭。东晋朝廷又令刘裕兼任青、冀两州刺史。

后来，刘裕奉命讨伐在广州反叛的卢循，他亲临阵前监督战事，东晋军心大振，大败卢循之军。不久朝廷又任命他为扬州刺史、录尚书事，刘裕从而控制了东晋政权。

灭晋建宋，成就帝业

刘裕此时大权在握，风光无限，他再也不安于做晋朝的臣子，而想取代无能怯弱的晋安帝。然而安帝虽无功但也无过，刘裕找不出理由起兵。不久，不愿再等的刘裕竟然把心一横，让人潜入宫里勒死了安帝，之后他立安帝的弟弟司马德文为帝，是为晋恭帝。这样做，不过是想在夺位良机出现之前掩人耳目罢了。

一年后，刘裕指使中书令傅亮去劝说恭帝逊位。恭帝对刘裕的心意早已心知肚明，他也不想再当傀儡了，于是下诏退位，让刘裕继任。

420年，刘裕率群臣祭告天地，登上太极

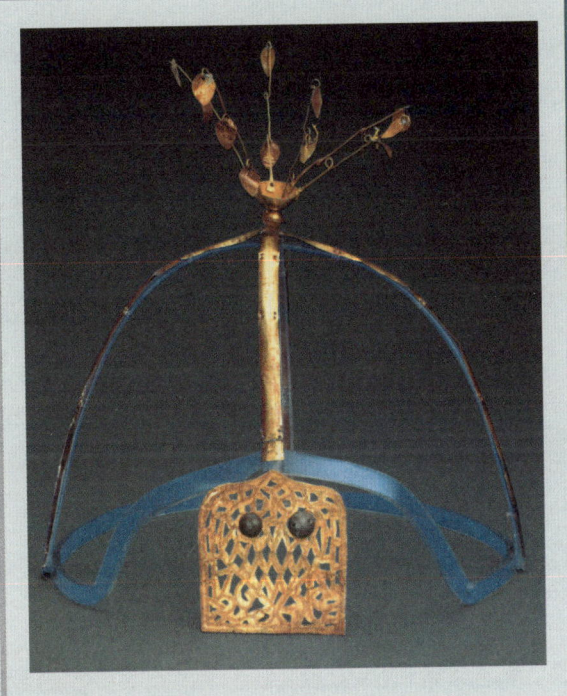

▲（南北朝）步摇冠
辽宁北票西官营子北燕冯素弗墓出土。

殿，建立刘宋政权，史称宋武帝，改元永初。至此，统治江东一百多年的东晋王朝灭亡了。此后一百六十年间，南方先后经历了宋、齐、梁、陈四个朝代，历史上总称为南朝。

刘裕作为南朝第一个朝代的开国之君，仍坚持勤俭。他着力消除魏晋时遗留下来的奢靡之风，不准装饰皇室驾乘，外出时不要仪仗队，后宫不奏乐取乐，内府也不存任何财宝。他得知琥珀能够治疗伤痛，就让人把臣下送的琥珀枕打碎发给将士。退朝后，他就脱掉皇袍，穿上粗衣，脚穿连齿木屐。女儿嫁人时，他也从简办理，没有赐什么绫罗绸缎、金银财宝。他还在宫中挂了自己小时候用过的农具、穿过的破棉衣等物，以此教育后代不要浪费。刘裕自己节约，也在朝廷上下力倡节俭。此后，刘裕采取一系列政策来整治国家，使宋朝初年出现了政通人和的局面。

宋纪
荒淫残暴的宋废帝

刘子业是南朝刘宋政权的第六位皇帝，他坐上皇位后，不顾伦理纲常，胡作非为，做出种种无德无道之行，最终走上绝路。465年，将军柳光世、寿寂之等合谋将刘子业杀死，让这个残暴无德之君得到了应有的下场。

不肖子孙，难成帝业

宋孝武帝刘骏因病离世后，他十六岁的儿子刘子业继位登基，即为宋废帝。

刘子业因种种恶行成了刘宋王朝最无人性的皇帝。按照常理，父亲过世了，儿子应该悲伤哭泣。可刘子业在父亲的葬礼上不但毫无哀伤之情，还满面喜色。吏部尚书蔡兴宗给刘子业献上皇帝的印玺时，刘子业满不在乎地顺手接过。蔡兴宗心下担忧，他说："看此情景，国家将有大祸了。"刘子业的名字虽意为子承父业，可他却只继承了父亲的各种缺点，并且将淫乱暴虐的本性发挥到了极致。

背祖离德，恶贯满盈

刘骏在世时非常恩宠殷淑妃，将刘子业的生母王皇后冷落一旁，有几次差点将太子刘子业废了。因此，刘子业对父亲的怨恨积累已久，而现在他当了皇帝，终于能够报仇了。

刘子业在太庙中的祖宗的牌位和画像之前，没有丝毫的恭敬，而是乱加品评，还曾手指父亲的画像说："这个家伙太贪色，不知尊卑。"又让画师丑化父亲形象，给父亲画上红鼻子。另外，他命人将殷淑妃的陵寝挖开，把她的遗骨弃于荒野，还命人将父亲当年为殷淑妃修的新安寺拆了，把寺中的出家人全部杀死。刘子业丧失理智，连殷淑妃年仅九岁的儿子刘子鸾也不饶过，将他赐死。刘子鸾死前哀叹："愿来世莫生帝王家！"然而，刘子业并没有就此满足，他又来到父亲陵寝景宁陵旁，让属下往陵墓上倒粪，自己还站在一旁怒骂。他对亲生母亲也毫无孝心。王太后生了病他也不理会，宁愿玩乐也不去看望母亲。后来王太后病情恶化，性命危在旦夕，想见儿子最后一面。刘子业竟一口回绝，说："病人屋里有很多鬼，我怎么能去呢。"王太后听到此话后气愤不已，不久死去。

刘子业还将各地藩王召到京师，把他们关押在猪笼中，让他们光着身子站着，只给他们吃残羹冷炙。刘子业还给藩王们取绰号，将身体最胖的湘东王刘彧称为猪王；将一脸横肉的建安王刘休仁称为杀王；将容貌丑陋的刘休祐称为贼王；将品行恶劣的东海王刘祎称为驴王。有时，他兴致突发，就让人扒光刘彧的衣服，命他扮成猪样，手脚着地，在木槽前拱食。刘

◀（南朝）陶女俑

子业好几次想杀他们，多亏建安王刘休仁聪明，一直顺从刘子业，在紧急之时故作疯傻，才让他们逃过劫难。对自己的生身父母和亲戚宗族尚且如此残忍，就更不用说刘子业是如何对那些朝臣的了。大臣们稍有不慎得罪了他，就会身首异处。他或用刀杖，或用毒酒，把戴法兴、柳元景、颜师伯、沈庆之等故臣老将一一杀死，弄得举朝惶惶，人人自危。

荒淫无伦，众叛亲离

刘子业的恶行不止于此，他像其父一样目无伦理，淫乱暴虐，而且所作所为更甚于其父。他沉迷女色，后宫数千佳丽都不能让他满足。他的一个已经出嫁的姐姐山阴公主，容颜秀美，放荡轻薄，刘子业对她心仪已久，当上皇帝后向她暗中传情，姐弟两个竟然私通，不顾纲纪伦理，公然住在一起。他还赐了许多爵位、封地、男宠给她，以博其欢。

后来，刘子业又看上了新蔡公主。新蔡公主原名刘英媚，是宁朔将军何迈的妻子，按辈分来说是刘子业的亲姑母。但刘子业心中哪有什么伦理道德，他见新蔡公主容貌艳丽，就强行留她在宫内，对外宣称新蔡公主突发急病身亡，还命人杀了一个宫女，将尸体装入棺材拉到何迈家里。

何迈后来知道了他的恶行，心中大怒，想要找机会杀了这个无道昏君。谁知他被人告发，惨遭杀戮。何迈死后，刘子业更加肆无忌惮，就纳新蔡公主为贵妃，令她改姓谢，对她甚是恩宠。刘子业还曾集中了各王的王妃、公主，命令身边的侍者侮辱她们。并命令所有的宫女至后花园华林苑中，让她们赤裸身体同自己玩耍，谁不从就杀谁。

刘子业的种种淫乱暴行使宗室亲族及大臣们难以忍受，连他身边的侍从和心腹也看不下去

▲（南北朝）持盾武士俑

了。刘子业身边有一个心腹叫寿寂之，与湘东王刘彧的心腹阮佃夫是同乡。刘彧让阮佃夫笼络寿寂之及刘子业身边的侍卫，寻找机会杀刘子业。

465年，刘子业又到后花园竹林堂嬉戏，结果被将军柳光世、寿寂之等人合谋杀死，当了一年皇帝就一命归天。同年底，大臣们拥护湘东王刘彧登上帝位，改年号为泰始，即为宋明帝。

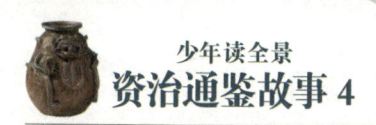

宋纪
"北魏张良"崔浩

崔浩是北魏前期最具影响力的政治家，他长于计谋，精于决策，被后人称为"南北朝第一谋略家""北魏张良"。他相继在道武帝、明元帝、太武帝三朝为官，位至司徒，为北魏一统北方立下了汗马功劳。不过，他也因功高自大，盛气凌人的性格得罪了鲜卑权贵，未得善终。

名门之后，才比张良

崔浩，字伯渊，清河郡武城（今山东武城）人，出身于北方第一名门望族清河崔氏家族。崔家自魏晋以来出了许多高官显贵、名人雅士。崔浩之父崔宏幼年被称为冀州神童，北魏初官至吏部尚书，赐爵白马公。

崔浩青出于蓝而胜于蓝，才华比父亲更高。史书评价他"少好文学，博览经史。玄象阴阳，百家之言，无不关综，研精义理，时人莫及"。他容貌姣好，酷似美妇，头脑也很聪明，时常自比张良。

崔浩刚刚二十岁就当上了通直郎，不久又升为著作郎。由于他学问渊博，才华过人，并且在书法上也有很高造诣，因此受到北魏道武帝拓跋珪的欣赏和重用，常常被拓跋珪召见。

409年，拓跋珪在朝廷政变中被儿子拓跋绍害死。道武帝长子拓跋嗣登基，即位明元帝。明元帝十分欣赏崔浩，任他为博士祭酒，经常让他给自己讲解经书、占卜。

多受恩宠，屡献奇谋

拓跋嗣常常与崔浩商议国家的军政大事，经常采纳他的主张，对他非常恩宠。

416年，东晋大将刘裕率兵北上，水陆齐发，讨伐后秦。晋军攻城掠地，十分顺利，后秦不断退却。第二年，刘裕沿黄河向关中进军，准备从北魏境内抄近路攻打后秦。

明元帝集合大臣商议对策。众臣都认为刘裕想打着伐秦的旗号攻打北魏，所以谏言不能答应刘裕的借道请求。不但如此，还要截断黄河的水

◀（北魏）供养菩萨

少年读全景
资治通鉴故事 4

▶▶ 魏纪·晋纪·宋纪·齐纪·梁纪·陈纪　▶▶ 宋纪　▶▶ "北魏张良"崔浩

◀ (北燕) 鸭形玻璃注
辽宁北票北燕冯素弗墓出土。鸭形注身长20.5厘米，上面的花纹是用玻璃条盘曲贴附而成的。制作手法与现在吹制玻璃器的方法类似。

路，阻止刘裕的水军行进。

可崔浩却持反对意见，说："我们现在缺少粮草，边界还经常受到北寇的侵犯，不宜出兵。后秦多次侵扰东晋的荆州，东晋派刘裕征讨。这是后秦与东晋两国之事。假使我们出兵拦截，肯定会招致刘裕的仇恨。若他反过来打我们，后秦岂不是渔翁得利了？我们还是答应刘裕，让他带军入关攻秦。等双方展开激烈战斗时，我们再动手，这样便能够一举两得。"

然而，明元帝并没有听从崔浩的意见，他遣长孙嵩领军十万阻截刘裕，大败。此时，明元帝后悔不已，觉得如果自己当初听从崔浩的话，就不会有今日之事了。但此时战局已定，已无力回天了。

力主北伐，诛灭群雄

明元帝拓跋嗣辞世后，他的长子拓跋焘登基为帝，即为太武帝。

正所谓"一朝天子一朝臣"。崔浩因为被明元帝专宠，且为人正派，直言敢谏，招致了一些人的嫉妒。太武帝拓跋焘身边的掌权之臣就对崔浩很不满，时不时地对拓跋焘说些崔浩的坏话。拓跋焘明白崔浩是有才之士，可总听到谗言，不免受到干扰，因此只有在有大事发生时才叫来崔浩询问一下，平时便把他冷落在一边。后来，在攻打夏国和征讨柔然的问题上拓跋焘犯了难——不能同时发起两场战争，可到底该先打哪个呢？

大臣们都认为应该先伐柔然，因为从柔然可以得到许多人口、牲畜以及财物，从而补充自己的实力。而大夏国比较清贫，除了建得十分坚固的统万城外什么也没有。崔浩的眼光却不这样短浅。他觉得大夏国如今国主残暴，政治腐败，民心散失，现在正是派兵攻打它的最好时机。夏王赫连勃勃恰好于数月之后去世，崔浩就提议出兵，得到了拓跋焘的批准。

声势浩大的北魏军开始向统万城进发。崔浩根据实际情况，施用奇计。在他的指挥下，北魏大军将坚固的统万城攻下，灭了大夏政权。随后，崔浩力驳众议，竭力劝说太武帝进攻柔然。大臣们心中不服，选出太史张渊同崔浩就是否攻打柔然进行争辩。

崔浩精通天象，他首先用这方面的理论驳斥了张渊提出的北魏没有天时地利的观点；然后，崔浩辩论说讨伐柔然如果成功，不仅能杜绝柔然的骚扰，还能得到漠北草原，讨伐柔然有益无

107

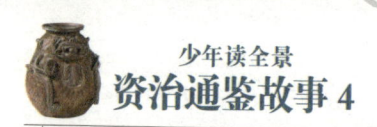

害。崔浩侃侃而谈，博引旁征，将辩论变成了他一个人的演说，让张渊毫无应对之辞。

拓跋焘因而下定决心讨伐柔然。此战大胜，北魏获益良多。后来，拓跋焘又一举将北燕和北凉消灭，这些重大的军事行动都有崔浩的参与。他足智多谋，善于决策，在北魏兼并各个政权、统一北方的进程中发挥了重要作用。

祸起《国史》，身死族灭

崔浩虽长于出谋划策，却不善于谋身。当时，拓跋焘礼敬他，遇到重大事情都向他咨询。崔浩却不懂谦让，居功自傲，直言不讳，还因为自己出身高贵，看不起周围的鲜卑贵族，因此得罪了许多人。崔浩作为一个异族人，不仅被皇帝宠爱，还官至司徒，官位高于其他鲜卑贵族，自然会受到他们的忌恨，可他却全然没有察觉。

崔浩崇信道教，极力劝太武帝灭佛教。拓跋焘也正担心僧人过多，会使服兵役的人数大减，

▲（北燕）玉盏
高3.3厘米，口径8.6厘米，底径5.4厘米，出土于辽宁北票北燕冯素弗墓。

不利于维护国家的稳定，就听从他的建议，下了"灭佛诏"，烧寺院，毁佛像。那时，北魏崇信佛教的人极多，上到太子、公卿，下到平民百姓。崔浩这下更是得罪了仇视自己的鲜卑贵族，因此一步步走上了绝路。

最终使崔浩获罪遭杀的是《国史》事件。崔浩晚年时主持编写北魏的《国史》，他对鲜卑拓跋氏祖上的丑行毫不隐饰，将北魏朝廷中许多同姓相残、暴虐淫乱之事都收录其中，且用词颇为不敬。崔浩狂妄而好扬己功，后来还命人把《国史》镌刻于石碑之上，立在道路旁边。极端愤怒的鲜卑贵族共同向拓跋焘上书，称崔浩轻视皇权，意图谋反。拓跋焘也认为崔浩太放肆了，大怒之下下令将他斩首，诛灭九族。在这次事件中，与崔家有姻亲的家族都没能幸免，导致北方士族都受到了严厉的打击。

少年读全景
资治通鉴故事 4

魏纪·晋纪·宋纪·齐纪·梁纪·陈纪　　▶▶ 宋纪　　▶▶ 元嘉之治和魏宋纷争

宋纪
元嘉之治和魏宋纷争

南朝时，在宋文帝刘义隆的治理下，刘宋社会稳定，经济繁荣，国泰民安，史称"元嘉之治"。经济的日趋繁荣，使宋文帝有了收复被北魏抢去的黄河南岸的想法。此时，北魏太武帝已平定北方，统一天下的欲望渐渐增强，也时刻想将刘宋消灭。一个想南下，一个想北上，战争一触即发。魏宋的交战使双方的损失都极为严重。刘宋尽管没被消灭，但受创惨重，实力大损，元嘉盛世至此结束。

临难登基，消除后患

宋太祖刘裕在临死前，曾诏令谢晦、傅亮、徐羡之、檀道济四位大臣辅佐宋少帝。宋少帝调皮贪玩，不理朝政，却对经商颇有兴趣。他在宫中设了个商场，自己扮成小贩进行买卖，从中寻乐。

四位辅政大臣认为宋少帝没有治国之能，会误了国家，就密谋废掉了他，让刘裕的第三子、荆州刺史、宜都王刘义隆登基，即为宋文帝，改年号为元嘉。刘义隆为人沉稳有心计，行事谨慎。他忌惮四个辅臣，很不满意他们妄行废立，控制朝政的作为。

为了不遭受同宋少帝一样的厄运，宋文帝先是稳定人心，对四个辅臣加以笼络，任徐羡之为司徒、傅亮为开府仪同三司、谢

晦为卫将军、檀道济为征北将军。426年，刘义隆觉得时机成熟，就下诏书条陈徐、傅、谢三人的罪状，之后将他们一一处决。刘义隆觉得檀道济只是一介武夫，并未主谋废立之事。因此，刘义隆不仅未追究他的责任，还予以慰抚，认为他肯定会因此忠于自己。后来的事也印证了他的想法。

内清外晏，四海安定

刘义隆为帝期间十分重视农业的发展。他鼓励农耕，命令地方官员带领农民好好耕种。若哪个地方的农业发展得不好，他就要追究当地官员的责任。他还时常带领大臣到郊外垦荒种植，以此为表率。有一年，江南地区发生旱灾，不能种植水稻。宋文帝就下令改种麦子，保证了农民的收成。宋文帝还重视水利工程，恢复、建造了许多堤、堰。

宋文帝对户籍的整理是在东晋义熙土断的基础上进行的，他将地主隐匿的户口都查了出来，一一记录于官府的户簿上，有效地增加了国家的财政收入。宋文帝还整治官吏，选举人才，重用贤人，重惩劣官；同时他倡导发展教育，相继设立儒、玄、史、文四

◀ 释迦牟尼佛像
通体镀金，首都博物馆藏。立姿，高肉髻，身披通肩大衣。头后有尖顶，下为环状。

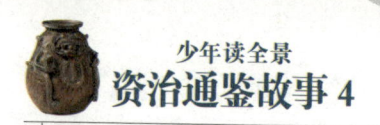

少年读全景
资治通鉴故事 4

魏纪·晋纪·宋纪·齐纪·梁纪·陈纪 ▶ 宋纪 ▶ 元嘉之治和魏宋纷争

者为官学，使儒学从此开始重兴。在位三十多年，刘义隆遵行"役宽务简，氓庶繁息"的策略，稳固了政局，也发展了经济，因而后世称他统治的时期为"元嘉盛世"。

魏宋交战，南北对峙

刘宋实力渐渐增长之时，北方地区的北魏也在太武帝拓跋焘的精心治理下逐渐兴起。423年，北魏趁刘裕去世之机，侵占了刘宋黄河南岸的青州、兖州等地。消灭了北方的割据势力后，北魏太武帝出兵进攻柔然和边塞诸国，不但消除了北方的祸患，还趁机掠取了许多人口和牲畜。随后太武帝就把矛头指向了南方的刘宋。而宋文帝刘义隆励精图治，也想收回北魏侵占的黄河南岸，一场大战一触即发。

彭城太守王玄谟善于奉承，知道了宋文帝有北伐魏国的意图后，时不时地慷慨陈词，把刘义隆鼓动得斗志昂扬，蠢蠢欲动。刘义隆禁不住向众臣说："观玄谟所陈，令人有封狼居胥意。"此时的刘宋人人安居乐业，处处是太平之景。刘义隆有些骄傲了，加上朝臣们也都建议出兵北伐，于是他最终决意北伐。

很快，北魏与刘宋的战争开始了。最初，北魏太武帝拓跋焘领军十万攻击悬瓠，刘宋守军竭力抵抗。魏军连攻四十余天无果，且折损将士一万多人，不得不罢兵回国。

其后，宋文帝令王玄谟任主将，领东路军反攻北魏。王玄谟没有真才实干，进攻滑台的时候，一连几个月都没能突破，反而还让魏军取得了先机。王玄谟抵挡不住强大的魏军，大败而回。

尽管柳元景带领的西路军行进得很顺利，可由于东路军大败，没有了接应，西路军也只得转为防守。魏军并不攻城，而是兼程南进，最后在长江沿岸的瓜步安营扎寨，虚张声势，声称要过江。宋文帝严令加强京师戒备和沿江防备，拓跋焘见无机可乘，只好撤军。回军途中，魏军围攻盱眙城，强攻一个多月也没能破城，只得放弃。临走时魏军烧杀掳掠，所经之处尽成废墟。

宋文帝好大喜功、不恤民情，最终招致严重后果。魏宋的交战使双方的损失都极为严重。刘宋尽管没被消灭，但受创惨重，实力大损，元嘉盛世至此结束。南宋词人辛弃疾曾作《永遇乐·京口北固亭怀古》一词，用"元嘉草草，封狼居胥，赢得仓皇北顾"，讽刺宋文帝刘义隆的失败。

◀（南北朝）印花青黄釉罐
器表涂青黄釉，釉薄而晶亮。

少年读全景
资治通鉴故事 4

▶▶ 魏纪·晋纪·宋纪·齐纪·梁纪·陈纪　　▶▶ 宋纪　　▶▶ 元嘉之治和魏宋纷争

◀（南北朝）骑马俑
南北朝时期的骑马俑，武士铠甲由两面铠改为明光铠。人、马皆着铠甲，史称"甲骑具装"。

宋纪

檀道济唱筹量沙

檀道济是南朝时期刘宋的著名将领。东晋末年，他辅佐刘裕建立刘宋政权。此后，他多次立下奇功，谱写了"唱筹量沙"的战争传奇，令北魏将士闻风丧胆。不过，檀道济后来由于位高权重招来了疑忌。最终，宋文帝偏听小人之言，将檀道济冤杀。北魏听说檀道济死后，大喜之余，发兵攻宋。

太子太傅，国之长城

檀道济出生于高平金乡（今山东金乡），家境贫寒，自幼就在外漂泊。流浪至江东时，檀道济偶然入伍，从此开始了二十多年的军旅生涯。檀道济起初为刘裕的部下，相继担任武陵内史、中书侍郎、冠军将军等职。420年，刘裕登基建宋，奖赏亲戚勋臣。檀道济也因功升迁，任征南大将军、南兖州刺史。

宋武帝刘裕十分宠爱长子刘义符，对他有求必应。身为太子的刘义符十分娇气，只知道玩乐，还总是与一些行为不端的人来往。刘裕对他无计可施，可也不想让他这样堕落下去。苦闷之中，他突然想到了檀道济。当时檀道济正驻守边关，刘裕认为此人比较正直，就想把太子送过去历练一下，希望能改变其习性。刘裕打定主意后，就任檀道济为太子太傅。檀道济得到命令，带着太子离开了建康。途中，太子忽然说："老师，据说你老家是金乡，离此不远，咱们顺便去看看吧。"檀道济尽管挂念家乡，可金乡这些年来战争连连，导致农田荒废，粮食歉收，百姓的境况很不好，根本无法好好接待太子。檀道济不愿给父老乡亲增添负担，所以他虽然口头上答应了太子，心里却盘算着绕过金乡。

檀道济带着众人一路前行。离开金乡五十里后，太子不断地问他到没到金乡。檀道济无奈，只得说："太子殿下，臣的家乡位置偏远，杂草丛生，那里没有什么好景致；况且现在社会不安定，臣担心殿下会发生意外。"太子虽然心里很不痛快，可一想那里既没什么好吃的，也没什么好玩的，不去也罢。入驻军营不久，娇气的太子就因为

▼（北齐）安阳窑青釉多足砚
高4.8厘米，口径10.2厘米，底径14厘米。制作精巧别致，气韵古朴高雅，由此器可想见当时文人之不俗意趣。与洪州窑多足砚相比，其胎釉形均胜出一筹，是上佳的收藏珍品。

魏纪·晋纪·宋纪·齐纪·梁纪·陈纪　　宋纪　　檀道济唱筹量沙

忍受不了军中的辛苦和枯燥而返回了京城。

檀道济镇守边疆，恪尽职守，屡次抵挡住敌人的侵犯，因此威名远扬，时人称他为"国之长城"。

唱筹量沙，智退魏军

宋文帝登基后，北魏趁着刘宋局势不稳，兴兵入侵，将黄河南岸的大块土地夺去。

在敌军日渐逼近的形势下，宋文帝命檀道济领军抗敌。北魏军队攻打济南之时，檀道济带着兵马到了济水岸边，整队迎敌。在檀道济的指挥下，宋军接连获胜，一直将北魏败军赶到历城（今山东境内）。

接连的胜利让檀道济有些骄傲，宋军的戒备渐渐松懈。魏军抓住时机，突然向宋军反扑过来，将宋军的粮草军备烧毁。

失了粮草不能再继续战斗，檀道济只得下令退兵。此时，宋军中的一个叛徒归降了魏军，他将宋军的情况告诉了北魏主将。于是魏将派大批兵士追击宋军，企图围歼宋军。宋军将士见魏军人多势众，都十分惊慌，一些士兵甚至仓皇逃跑。檀道济镇定自若，命令全军就地安营扎寨。魏军主将见此情景，心里纳闷，就遣人去宋军营中刺探。

这天夜里，宋军营中火光通明，檀道济带着一些监管粮食的官兵在一个营帐中清点军粮的数量。有个士兵手中捧着竹筹报数，其他士兵则在用竹斗称量大米，地上放的一个个袋子中装的竟都是白花花的大米。

探子将看到的情况报告给了魏军主将。听说宋军还有这么多粮食，魏将觉得强攻的话定要吃亏。魏将疑心那个降兵是檀道济故意派来的，其目的是骗自己贸然出击，他顿生怒气，下令将降兵杀了。实际上，魏军探子看到的都是檀道济制造的假象。那夜宋军称量的不是大米，而是沙土，只不过沙土上盖了薄薄的一层大米。第二天，天刚亮，檀道济就令宋军整装出发，自己坐上一辆马车，不慌不忙地向南而去。魏军见宋军如此镇静有序地撤军，觉得檀道济定设下了埋伏，就没有贸然追击，眼睁睁地看着宋军远去。檀道济有勇有谋，出妙计保住了宋军，使宋军得以安然回

▲（南朝）青瓷盘口罐
大盘口，短颈，弧腹，平底。肩部作四等分，各附一个桥形耳。通体施淡青色釉。

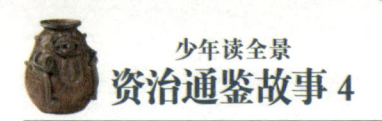

▶▶ 魏纪·晋纪·宋纪·齐纪·梁纪·陈纪　▶▶ 宋纪　▶▶ 檀道济唱筹量沙

▲（北魏）陶牛车
1953年陕西西安草场坡出土。双辕，车厢两侧有窗，后侧开门。

朝，也让北魏不敢再贸然侵犯刘宋了。在这次战斗中，檀道济智退敌军，赢得了众人的敬重。

误杀忠良，自毁长城

檀道济功劳极大，威名远扬，其得力手下都是勇武之士，他的几个儿子也很有才能，这引起了朝廷的疑忌。宋文帝疾病缠身，久未治愈。彭城王刘义康和领军将军刘湛怕宋文帝去世后，檀道济会阻挡自己夺位，于是常常在宋文帝面前说檀道济的坏话，诬陷他居功自傲，意图篡位，还劝宋文帝早早将其铲除，免得后悔莫及。

436年，檀道济领命回朝。临走之前，他的妻子向氏对他说："你功高盖世，定会遭人嫉妒。如今朝廷突然召你回朝，你怕是要大难临头了。"檀道济却不以为然，他说："我守卫边关，抵抗敌寇，为国家尽职尽责，怎么会凭空遭遇祸害呢？"檀道济到京不久，宋文帝病势加重，刘义康等人假造圣旨，以谋反之罪捉拿并谋害了檀道济。临刑前，檀道济目光逼人，气愤地大喊："你们这是自毁长城！"檀道济被杀的事传到了北魏，北魏举国欢庆，人们笑言："檀道济一死，南方还有谁让我们恐惧呢！"良将重臣无故遭杀，真是让亲者痛仇者快！

后来，北魏军队攻到江北瓜步（今江苏六合）时，宋文帝登上石头城远望，心中懊悔不已，不断地叹息道："如若檀道济不死，胡骑哪能如此横行啊！"

| 魏纪·晋纪·宋纪·齐纪·梁纪·陈纪 | 宋纪 | 北魏太武帝灭佛 |

宋纪
北魏太武帝灭佛

唐人杜牧有诗曰:"南朝四百八十寺,多少楼台烟雨中。"这道出了佛教文化在南北朝时期的盛况。当时,僧人享有免租税、免徭役的特权,所以许多年轻人都出家为僧,这不仅使北魏的劳动力大大减少,也削弱了其军事实力。于是,太武帝展开了一次灭佛运动,下令诛杀寺院里的所有和尚,许多佛寺、佛塔也都付之一炬。

信奉道教,排斥佛教

南北朝时期,佛教在北方空前盛行。北魏太武帝拓跋焘即位后,一心想统一北方,结束长期的分裂局面。在即位之初,太武帝并不反对佛教,甚至还喜欢与一些德高望重的僧侣交谈,探讨治国安邦、实现统一的问题。虽然此时的他算不上一位虔诚的佛教徒,但谁也没想到他后来会那么坚决地执行灭佛政策。

太武帝之所以开始排斥佛教,是因为崔浩在其后的推波助澜。崔浩出身名门望族,博览经史,才华横溢,懂阴阳五行之术,历仕道武帝、明元帝、太武帝三朝,是北魏的三朝元老,官至司徒,经常参与军政机要事务,深受太武帝的信任。

崔浩十分厌恶佛教,信奉道教。他后来结识了著名道士寇谦之,从此更加笃信道教。崔浩经常在太武帝面前诋毁佛教,极言佛教对国家的危害,坚决主张废除佛教。

寇谦之是天师道的改革者和领头人,他大力宣扬"清静无为、入道成仙"的道教教理。他将儒家学说和道教思想融合起来,创立了一套新的学说,并向太武帝献道书。

在崔浩、寇谦之二人的影响下,太武帝开始信奉道教,排斥佛教。他特地在平城建天师道场,供寇谦之及其弟子使用;其

▶ (北魏)铜鎏金释迦牟尼佛像
通高27厘米,铜镀金,首都博物馆藏。佛像头部高昂,发型呈涡旋状,顶有隆起的高肉髻。面相丰圆,双目平直,鼻梁挺直,明显具有当时北方民族的审美特征。

少年读全景
资治通鉴故事 4

▶▶ 魏纪・晋纪・宋纪・齐纪・梁纪・陈纪　　▶▶ 宋纪　　▶▶ 北魏太武帝灭佛

太武帝崇尚武力，做事雷厉风行。从即位起，他就为统一北方而东征西讨，先后消灭夏国、北燕诸国，巩固了北魏在中原和北方的地位。然而，多年征战也耗费了北魏大量的兵力。这时，他见国内的青壮年大都出家为僧，北魏出现了兵荒的情况，于是决定废除佛教。他下令五十岁以下的僧侣全部还俗，充当士兵，以补充兵源。但有的僧侣还俗后并未服役，而是藏匿在官民家中。为了杜绝这种现象，太武帝又下令禁止所有人藏匿僧侣，已经藏匿的人家限期将僧侣遣送给官府，逾期不送，一经查实，不但处死僧侣，更要诛灭主人全家。上至王公大臣，下至平民百姓，一律不得违背此令，如有违反者，格杀勿论。这道禁令的发布，标志着灭佛运动的开始。另外，颁布这个禁令也体现了太武帝废除佛教的决心。不过，此时还没有发生大规模的灭佛运动。

不久后发生的一件事，才真正导致了全国范围内灭佛运动的大规模爆发。这件事在北魏国内掀起了翻天巨浪，也使太武帝灭佛之心更加坚定，灭佛措施更加严苛。

▲（北魏）佛像
藏于甘肃天水麦积山石窟第七十八窟。

后又听从寇谦之的建议，把年号改为太平真君。而寇谦之也被尊为国师，参与处理军国大事。

物极必反，由胜而衰

然而，此时在北魏民间最盛行的仍然是佛教。统治者本欲借佛教加强对百姓的思想控制，维护自己的政治统治，但佛教的空前盛行却使王权受到了挑战。当时，僧人享有免租税、徭役的特权，许多年轻人都出家为僧，这使得北魏的经济实力和军事实力遭到了严重的削弱。

▶（北魏）观音菩萨像

太武灭佛，佛教遭难

北魏太平真君六年（445年），河东地区的豪强薛永宗、薛安都起兵造反。而此时北魏北攻柔然的战争还没结束，国内兵力、财力缺乏。正当北魏朝廷准备镇压薛家叛军的时候，胡人盖吴也趁机在杏城（今陕西黄陵）聚众反魏，并得到了卢水胡人的响应。不久，许多人争相投奔盖吴。一时间，叛军声势浩大，震惊朝野，他

080

魏纪·晋纪·宋纪·齐纪·梁纪·陈纪　　▶▶ 宋纪　　▶▶ 北魏太武帝灭佛

们还扬言要去投靠刘宋。这让北魏朝廷震怒。

太武帝决心剿灭叛军，巩固统治，他亲率大军前去镇压。魏军到达长安后，准备在城中驻扎。因为长安城内佛寺遍地，于是太武帝和一些将士便随便选择了一座佛寺住下。

当晚，士兵们竟然在一个和尚的房间里发现了大量弓箭刀枪、盔甲盾牌等物。太武帝听说此事后勃然大怒，认为这些和尚一定私下结识了盖吴叛党，想要犯上作乱。他当即命人抓住这个寺庙里的所有僧侣，并且下令查抄长安城内所有的佛寺。经过一番排查，魏军发现许多寺院里不仅私藏了大量武器，还藏有大量酿酒所需的器具以及附近富人寄存在寺中的数以万计的财物。有的寺院密室中甚至还关着年轻妇女，而这些妇女大都是被诱骗来的。

佛门净地竟然成了藏污纳垢之所，吃斋念佛的和尚们居然敢破除清规戒律，如此公然地吃喝嫖赌，尽情玩乐。太武帝震怒，下令诛杀举城上下的和尚，并在全国范围内下达更为严苛的灭佛诏令。所有的佛寺、佛塔都付之一炬，北魏的佛教活动也因此遭受了巨大的打击，佛教从此一蹶不振。

这次的灭佛行动在佛教史上称太武法难，是我国历史上著名的"三武一宗灭佛事件"的开始。

当时，北魏的太子拓跋晃笃信佛法，他多次向太武帝进言，劝阻其灭佛行为。他的意见虽然最终没有被采纳，但在他的努力下，废佛的诏书得以延缓发布。这期间，许多得到消息的佛门弟子成功逃命，一些佛像和佛经也得以转移并保存下来。

北魏的灭佛行动在短时间内加强了王权统治，遏制了不良佛风的蔓延。但灭佛政策过于严苛，手段也过于残酷，使得许多寺庙佛像、佛教经典被毁，严重阻碍了佛教文化的发展。

太武帝死后，灭佛令随之取消，但佛教活动早已受到了严重打击。直到文成帝时期，北魏的佛教文化才得以复苏和发展。

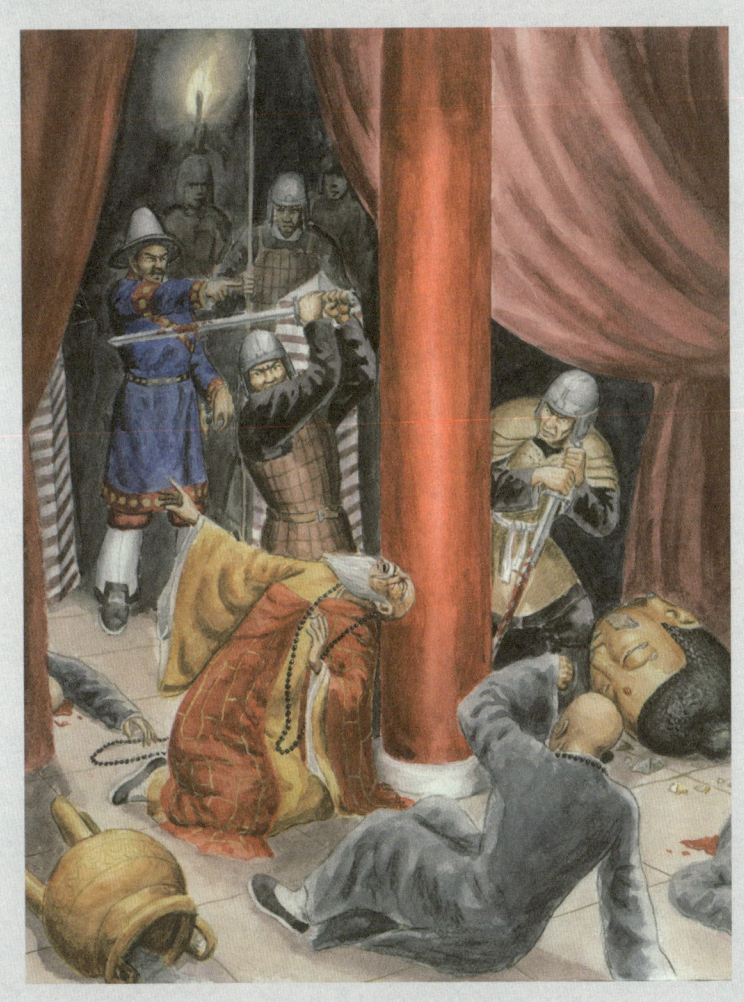

◀ 太武帝灭佛

少年读全景
资治通鉴故事 4

▶▶ 魏纪·晋纪·宋纪·齐纪·梁纪·陈纪　▶▶ 宋纪　▶▶ 冯太后垂帘听政

冯太后是北魏文成帝拓跋濬的皇后,她拥有过人的智慧和勇气,但是权力欲极强,杀人无数,甚至还毒杀了文成帝的继任者献文帝。不过,她执政后施行的一系列改革措施极大地促进了北魏的发展。

宋纪
冯太后垂帘听政

▲各色玉石、琉璃珠饰
辽宁西丰西岔沟匈奴墓地出土。以大量的红色玛瑙、碧色玉石、绿色石、白色石、各色琉璃管状珠、圆形珠、瓜棱形珠、扁方长方或菱形石佩穿串而成,反映了这一游牧部族特有的习俗。

初进深宫的非凡女子

465年,文成帝拓跋濬病逝,年仅二十五岁。北魏旧制规定:皇帝驾崩三天后,要把他生前所用过的衣服器物等全部焚烧,以供其在身后享用,并举行盛大的祭奠仪式。仪式开始后,朝中文武百官、后宫嫔妃都前来瞻仰先帝的遗物。他们号啕大哭,悲痛欲绝,泪流不止。

青年丧夫的冯太后更是表现得痛不欲生,她几次想要投入火堆,跟随先帝而去。群臣费尽周折才将她拦住,大家无不感叹她对先帝的深情厚谊。这个充满过人勇气和智慧的女人,以投火殉葬的激烈举动赢得了朝野上下的崇敬。冯太后出身贵族,其祖父冯宏是北燕的最后一位皇帝。北燕灭亡后,其父冯朗率众归附北魏,被封为辽西郡公,还当过秦雍二州刺史。后来,冯朗因为受一宗案件牵连而丧命。父亲

◀(北燕)金步摇冠饰
辽宁省博物馆藏。步摇是中国古时汉族妇女的头饰,据《续汉书》记载,汉代皇后谒庙时所戴的头饰中有一种山形的头面或基座,其上有金枝纠结,枝上饰珠、花、鸟等物,因步行时金枝和饰物摇颤,故名步摇。

死后,冯氏被罚入宫中为婢。在身为左昭仪的姑姑的照顾、教育下,她的学识修养不断提高,成了一名才女。加上外貌出众、端庄贤淑,她很快就被文成帝看中,受封为贵人,深受宠爱。

根据北魏旧制,如果儿子被立为太子,则其生母必须被赐死,即"子贵母死"。这是北魏为了防止外戚专权而制定的规矩,非常残酷,却也在保护政权上达到了一定的效果。文成帝在世时,立长子拓跋弘为太子,拓跋弘生母李氏按例被赐死。而因为皇后冯氏没有生育儿子,正好因祸得福,不但逃过了一死,还成了拓跋弘名义上的母亲。

辅佐幼帝,志在天下

文成帝去世后,拓跋弘即位,即北魏献文帝,献文帝即位时年仅十二岁,尊冯氏为太后。

由于献文帝年纪尚幼,朝中大事都由丞相乙浑主持。乙浑野心勃勃,早就想谋权篡位,一直按兵不动,只不过是在等待时机罢了。冯太后早已看出了乙浑的异心,她表面上不动声色,暗地里却联合其他鲜卑贵族和权臣,将乙浑的罪证一一掌握在手中。

在一切都安排妥当之后,冯太后当机立断,

魏纪·晋纪·宋纪·齐纪·梁纪·陈纪　▶▶ 宋纪　▶▶ 冯太后垂帘听政

诛杀了乙浑，从此她的威望更盛。后来，冯太后决定临朝听政，亲自辅佐献文帝。

从此，冯太后开始了充满艰难险阻的执政生涯，她不得不面对年纪尚小的皇帝、动荡不安的政局、处心积虑的重臣和威胁重重的外族。然而，在随后的政治斗争中，冯太后经历了无数的曲折和磨难，以她过人的勇气和智慧，支撑起了北魏的天下。史书上评价冯太后"多智、猜忍，能行大事"，她确实当之无愧。

矛盾加剧，杀子夺权

献文帝天资聪颖，勤敏好学，很有明君的潜质。随着年龄和阅历的增长，他在治国上逐渐有了一些自己的看法和见解，导致有时会与冯太后产生分歧。冯太后见献文帝已经具备了处理政事的能力，觉得自己不便继续临朝，便把朝政大权交还给献文帝，自己退居深宫。

即便如此，她仍在无形中掌控着朝廷。而献文帝想独自决断，不甘受制于人。于是母子之间渐渐有了隔阂和猜忌。久而久之，这种矛盾越来越深。

冯太后年轻丧夫，长期守寡。当时朝里有个叫李弈的臣子，风流倜傥，英俊潇洒。冯太后对他十分宠爱，二人经常私会。此事很快传开，宫中议论纷纷。献文帝知道后勃然大怒，认为冯太后此举有辱皇室尊严，但又不便发作。于是，献文帝随便找了一个借口，把李弈处死了。冯太后为此怨恨不已，伤心之余，也不禁对自己的未来产生了忧虑。

后来，献文帝笃信佛教，皈依佛门，将皇位禅让给了自己年仅五岁的儿子拓跋宏（也就是后来的孝文帝）。献文帝自己则为太上皇。

此时，太上皇拓跋弘仍然掌握着朝中大权，他勤政爱民，深得人心。然而，他和冯太后之间的矛盾却越来越深，因此冯太后渐渐有了杀害拓跋弘的念头。

476年，冯太后派人在酒里下毒，狠心毒死了年仅二十三岁的太上皇拓跋弘。

▼新月形嵌玉金饰
新月形，中心鼓出一长方形框，框内镶嵌青玉石片，两侧均饰凤纹。

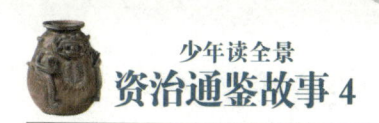

临朝执政，雄才大略

由于孝文帝拓跋宏尚年幼，朝政大权再次落入冯太后之手。她以太皇太后的名义临朝执政。孝文帝天性至孝，对祖母冯太后极为孝顺，事无巨细，都听从冯太后的决断。

当时的北魏因连年征战，国库空虚，大量百姓流离失所，地方豪强趁机霸占土地，官吏腐败成风。雄才大略的冯太后广开言路，重用人才，并突破重重阻力，推行了班禄制、均田制、三长制这三项改革，均取得了巨大成功。冯太后的此番举措大大增强了北魏国力，同时也推动了鲜卑游牧文化向先进的农耕文化的发展，对促进民族融合做出了巨大贡献。

冯太后聪明果断，善于识人用人，严明刚正，生杀决断，威严有度，很有大丈夫的气魄。她生活简朴，体恤下民，也从不铺张浪费，是为后人榜样。

490年，冯太后去世，时年四十九岁。孝文帝十分伤心，茶饭不思地守灵五天五夜。后来，孝文帝将冯太后葬在永固陵，并追谥她为"文明太皇太后"，史称"文成文明太后"。

▼（北朝）金帽饰
北京顺义临河北朝墓出土。镂空莲花瓣形，花饰錾刻而成，周边为圈点连弧纹，中间为一蝉形图案，蝉首两侧各有一花枝，具有鲜明的北方游牧民族特色。

少年读全景资治通鉴故事 4

—— 魏纪·晋纪·宋纪·齐纪·梁纪·陈纪 ——

齐纪

公元479年~公元502年

萧道成定鼎建萧齐

历史上总有一些惊人的巧合：传说刘裕是刘邦之弟楚元王刘交的子孙，而后来取代了刘宋政权的萧道成则是刘邦要臣萧何的嫡传后代。萧道成建国之后，鉴于刘宋王朝覆灭的教训，相应地采取了一些应对措施，以宽厚为本，提倡节俭。不过，他仅在位四年就去世了。

平叛有功，身为"四贵"

萧道成，字绍伯，乳名斗将，兰陵（今山东枣庄峄城东）人，东晋初年其先祖迁到侨郡兰陵（今江苏镇江东南）。萧道成的父亲是萧承之，萧承之在刘宋朝廷中担任过济南太守、龙骧将军、右将军等职。

萧道成十三岁时师从名儒雷次宗，十五岁时因骁勇善战而受到宋文帝的赏识。后来，他因战功赫赫，不断受到提拔、重用，终于当上了武烈将军。宋明帝登上皇位后，不行善政，性嗜虐杀，将恩人刘休仁与刘休佑都杀害后，他又开始疑忌其他的王室贵戚，大挥屠刀。因此，掌权者内部的斗争越来越厉害。

宋明帝也开始怀疑萧道成，此时的萧道成早已名声在外，官位显赫，被明帝怀疑是必然之事。不过萧道成处事谨慎，又善于伪饰，因此没有引祸上身，逃过了灾祸。后来，宋明帝因病去世，皇位由他年仅十岁的儿子刘昱继承，是为宋后废帝，改元元徽。消息传出后，桂阳王刘休范兴兵叛乱，想要逼刘昱退位，自己登基称帝。平南将军萧道成假装投降于刘休范，并渐渐得到了刘休范的信任，后来他趁机将刘休范杀死，平定了叛乱。朝廷加封萧道成为中领军，让他掌管禁卫军，监察五州军事。萧道成同袁粲、褚渊、刘秉三位大臣被合称为"四贵"。他们共同执掌朝政，权力无人可比。

刘昱暴虐，萧道成大怒

然而，刘昱长大后，喜怒无常，爱好杀罚，谁触怒了他，他就杀谁。坐车出去时，在街上遇见行人就拿矛来刺，使得白天里各家家门紧闭，路上也没有人行走。他骄纵横暴，弄得朝廷官员及侍从整日惶恐惊惧，连饮食休息都不得安稳。

皇太后也无法忍受刘昱的行为，数次训诫他，刘昱因此十分恼恨。端午节时，太后按例给了他一把羽扇。他嫌扇子不华丽，加上烦太后唠叨，竟命太医用药毒死太后。他的亲信劝他说："陛下万不可如此，太后要是出

◀齐高帝萧道成像

了什么事，陛下就得守灵服丧，不能再任意游玩了！"刘昱觉得他说得有理，就打消了这个念头。

一天，他不让人通报就进入了领军府。那时天气酷热难耐，萧道成正光着上身躺在床上睡觉。刘昱觉得萧道成的肚子又肥又大，非常好玩，就让人在上面画了标的，之后拉弓要射。萧道成吓得连忙说："老臣无罪！"刘昱的侍从王天恩也阻止他说："萧将军的肚子大，确实是个好靶子，可若一箭把将军射死了，那就扫兴了，还是用草箭好，射不死，想射几回就射几回。"刘昱觉得也是，就换了草箭，开弓就射中了萧道成的肚脐，众人都赞他箭法好，刘昱哈哈大笑，起身离开。

萧道成怒火冲天，于是私下联系别的朝臣，共谋杀死刘昱。可他还没开始行动，后废帝就一命呜呼了。原来，刘昱在七夕外出喝得大醉，命有个叫杨玉夫的侍卫看见织女、牛郎相会就向他报告，否则便要杀他。杨玉夫寝食难安，最后决定铤而走险，就与其他侍卫在晚上将烂醉如泥的刘昱杀了。之后，禁卫军统领和杨玉夫提着刘昱的人头来找萧道成，商议后事。萧道成入宫后，与太后经过一番密谈，决定立宋明帝的第三子刘准为帝，是为宋顺帝。

扫除异己，夺得帝位

刘准不过九岁，太后怕萧道成图谋不轨，为了拉拢他，就任命他为司空、骠骑大将军等，萧道成一跃成为"四贵"之首。他位高权重，使得朝中的一些大臣心中不平，尤其是沈攸之和袁粲。时任荆州刺史的沈攸之不久就举兵讨伐萧道成，而袁粲、刘秉等人则在朝中接应。萧道成对此早有防备，他让心腹之人领军包围了叛军，叛军力战不能突围，沈攸之无奈自杀，袁粲父子也被萧道成的手下杀死。之后，萧道成完全掌握了宋国大权。

479年，萧道成迫使刘准逊位于他，刘准不敢违拗，就下诏书让出皇位，刘宋王朝就此结束。萧道成荣登帝位，改宋为齐，年号建元，是为齐高帝。

◀齐宣帝萧承之永安陵天禄
天禄又称天鹿，是古代传说中的神兽，常用做帝陵的石刻。

齐纪

无神论斗士范缜

南北朝时佛教盛行，全国许多百姓都沉迷于宗教信仰之中。佛教宣扬有神论，宣扬因果报应、生死轮回。而在全民崇佛的情况下，范缜却以偶然论痛斥因果报应论，反对佛教，提出了无神论，并以大无畏的精神与有神论者展开了激烈的争辩，成为宣扬无神论的文化勇士，并创作出了著名的《神灭论》。

▶（北朝）金顶针
浇注成形，环状，表面均匀錾刻无数小圆凹槽，内侧光素。

秉性正直，不媚世俗

范缜，字子真，祖籍南阳舞阴（今河南泌阳）。他自幼喜好诗书，通晓经史典籍，学富五车。南齐建立后，他担任过宁蛮主簿、尚书殿中郎、领军长史、宜都太守等职。梁灭齐后，他又相继担任晋安太守、尚书左丞、中书郎等职。尽管为官数年，可他素来不善于阿谀奉承，趋炎附势。加上范缜性格豪爽，敢于直言，朝廷对他并不器重。

南北朝时，佛教盛行。在佛教文化的熏陶下，无论是皇亲国戚，还是平民百姓，全都相信"因果报应""生死轮回"之说。统治阶级极力推广、支持佛教，并且有两个当时最虔诚的佛教徒——南齐竟陵王萧子良和梁武帝萧衍做楷模，百姓们对于佛教教义就更深信不疑了。那时，建康城中佛寺林立，僧侣云集，佛教思想存在于社会的各个角落。

建康西郊的鸡笼山有一座名为"西邸"的官舍，是南齐竟陵王萧子良所建。萧子良喜欢结交朋友，常常在西邸宴请学士名流。

闲暇之余，萧子良还会请一些文士住在这里，专门抄写诸子百家的典籍。因此，西邸就成了当时学士们的聚集地，以及当时闻名的文化圣地。当时尚未灭齐建梁的萧衍和范缜也常来这里做客。因为萧子良潜心向佛，所以僧人们也是这里的常客。萧子良将僧人们奉若上宾，偶尔还会让他们讲授佛法，传授前世今生和因果报应之说。席间的客人们听得津津有味，常常点头称是，唯独范缜对此很是鄙夷，认为僧人讲的话纯属无稽之谈。

据理力争，舌战群僧

一天，住在西邸的宾客们刚吃过晚饭，还没有散去。萧子良又请出一位僧人来讲授因果报应之说。僧人讲到高潮时，突然席间传来一阵大笑。宾客们循声望去，才发现笑声出自范缜。萧子良大怒，说道："范大人不仔细听讲，为何发笑？"范缜起身高声说道："此人所言我完全听不明白。我只知道，一个人有了身体才能有精神；人死了，身体腐烂，精神也就不存在了，如何还会有'来生'呢？"

僧人们非常气愤，想要辩驳。萧子良指了指

堂前的佛像，对范缜说："你竟然如此大胆，敢在佛像前胡言乱语，还不赶紧跪下谢罪！"范缜假装什么都没听见，旁若无人地坐了下来。萧子良责怪道："既然你不信有因果报应，那你告诉我们为什么人一出生就有贫富贵贱的差别呢？"其他人也纷纷指责范缜，要他说出其中缘由，否则决不罢休。

范缜指着院中的树说道："人出生时就和这树上的花一样。风一吹，花瓣就会四散而落，有些进了厅堂，有的被吹进茅厕。殿下您就是进了厅堂的花瓣，我就是那进了茅厕的花瓣。人的出生和花瓣飘落都属于自然现象，都是偶然间形成的。怎么能说这是因果报应呢？"他的辩驳形象生动，使得萧子良哑口无言。之后范缜又说道："那我也要问一下在座的诸位，你们谁知晓自己前生做了什么善事，积了什么德行，又做了什么罪孽之事吗？"听了此话，众人都面面相觑，无言以对。萧子良非常气愤，只得宣布散席。

写《神灭论》，坚持真理

回到家中，范缜并没有为辩驳得胜而洋洋自得，反倒愈加忧愁。如何才能让百姓不再迷信呢？思虑良久之后，他提笔写下了一篇文章。其文自问自答，罗列出了百姓迷信佛教对国家和社会的严重危害。此文大意为：人活着，精神就存在；人死了，精神也就不存在了。所谓的生死轮回和前世今生都是无稽之谈。富人将大量钱财捐给寺院里的僧人，却不愿意接济贫苦之人，不过是因为接济贫苦之人得不到好处罢了。国家花钱供养大量僧人，修建了众多寺院，实属浪费。如此一来国家只会更穷困，百姓生活也会越来越艰难。贫苦百姓要想吃饱穿暖，生活安稳，最关键的事情就是要辛勤种田，养蚕织布，而不是信佛拜佛。此文就是名传千古的《神灭论》。《神灭论》写出后，朝廷上下议论纷纷，当权者和僧人都感到非常气愤。

萧子良之后又召集众多学者、僧人和范缜辩论。僧人们斥责范缜辱没佛祖，不承认鬼神之说。范缜则驳斥道："你们总是说有鬼神，那么有人见过鬼神吗？"僧人们不约而同地说："当然有

▶ （北魏）水碓（模型）
北魏崔亮创制，利用水的冲力推动卧式水轮，带动水碓转动。主要用于为谷物去皮。

人见过。"接着他们就七嘴八舌地争辩。有的说在梦里见过；有的说古书上说有鬼神；还有的说神话和佛经中都说有鬼神了，那就一定有。范缜却不以为然，要他们拿出实证。于是，这些人不得不承认，确实没有亲眼见过。这次辩论又以范缜获胜而结束。

不朽斗士，名垂青史

萧衍登基为帝后，将国号改为梁，即梁武帝。萧衍和范缜早年在西邸中就相识了。萧衍知道范缜才华过人，就任他为晋安太守、尚书左丞等职。但梁武帝也是个虔诚的佛教徒，因此他即位后就开始逼迫范缜潜心向佛。可范缜始终坚持己见。梁武帝非常气愤，就下旨让沈约、任昉、曹思文等重臣写了数篇文章来驳斥范缜。范缜有理有据地一一进行了反击，并再次大获全胜。梁武帝见驳不倒范缜，一怒之下就将他流放到了广州，并禁止他再发表无神言论。

尽管范缜屡遭责难，可他依旧坚持自己的观点，直到生命最后一刻还在捍卫己见。他这种坚守原则的精神着实令人佩服。

▼南京栖霞寺
位于南京栖霞山上，始建于南齐永明二年（484年），至今已有1500多年的历史，是我国佛教圣地之一。

少年读全景
资治通鉴故事 4

魏纪·晋纪·宋纪·齐纪·梁纪·陈纪　　齐纪　　北魏迁都洛阳城

齐纪
北魏迁都洛阳城

洛阳被称为"九朝古都",其中一朝就是北魏。北魏的都城最初并不在洛阳,而在平城(今山西大同)。平城气候寒冷,位置偏北,为了更多地接受汉族文化,消除鲜卑族与汉族之间的隔阂,巩固北魏政权,孝文帝决定把都城从平城迁到洛阳。这件事引起了极大的震动,许多鲜卑贵族坚决反对迁都。几经周折,孝文帝终于把都城迁到了洛阳。

平城曾在北魏统一北方、进军中原的过程中发挥了重要的作用。但是这里气候寒冷,土壤贫瘠,没有河运航道,交通极为不便。加上地处偏远,信息闭塞,使北魏对于中原各地的起义和变动根本无暇顾及。更重要的是,此时北魏向南发展,因此,随着北魏的不断发展,平城已经越来越不适合作为都城了。考虑到这些因素,孝文帝决心迁都洛阳,这对于推行汉化政策也是极为有利的。然而,迁都之路并不平坦。几十年来,北魏统治者曾多次想要迁都,均遭到大臣们的坚决反对,因此迁都之事一再搁置。孝文帝也曾为此事反复思考,权衡利弊,最终还是觉得应该从长远考虑,迁都洛阳。但他知道,此事不能直接向大臣们宣告,而应该另想他法。

推行汉化,蓄志迁都

冯太后去世后,孝文帝开始独掌政权。他处理政务英明决断,已经初显雄韬伟略的帝王之相。为了巩固北魏政权,实现长治久安,也为了日后统一天下,孝文帝决定沿袭冯太后的改革路线,大力推行"鲜卑汉化"的措施。首先被提上议事日程的就是迁都之事。北魏时,平城前后历经道武帝、明元帝、太武帝、文成帝、献文帝、孝文帝六朝,曾是我国北方的政治、经济、文化中心。

▶（南北朝）石佛造像
南北朝时期,佛教造像艺术发展迅速。不论是铜铸的造像,还是石制的雕像、泥质的塑像,都把佛的崇高慈祥、菩萨的和善端庄、罗汉的温顺诚恳、天王的威严孔武刻画得活灵活现。

虚张声势,假意南征

493年的一天,孝文帝召集群臣,宣布调集军队、动用全国之力大举南征。这一提议立即遭到了以任城王拓跋澄为首的文武百官的强烈反对。大家都感到疑惑不解,私下里议论纷纷,觉得举全国之力大举南征风险太大,胜算不大,一旦失利,无疑会将北魏送上绝路。孝文帝早就料到会如此,所以并不多言。为了营

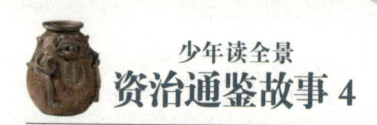

少年读全景
资治通鉴故事 4

魏纪·晋纪·宋纪·齐纪·梁纪·陈纪　　▶▶ 齐纪　　▶▶ 北魏迁都洛阳城

▲（北魏）比丘赴会（局部）
此为莫高窟第二百四十三窟壁画，图中比丘乘驾各种灵禽神兽飞往满富国赴会，画面非常华美。

造声势，他还专门请来了掌管宗庙祭祀的太常卿王堪，让他占卜天象，测算南征的吉凶。占卜的结果为"革卦"（"革卦"在《周易》中解释为："汤、武革命，应乎天而顺于人。"）。此卦表明，此次南征是顺应天意之战，必将取得胜利。孝文帝大喜，宣布即刻出兵。此时，议论纷纷的大臣们也都不敢出面劝阻。尚书令任城王拓跋澄不知孝文帝的意图，担心他真的会轻率南征，便毅然站出来坚决反对出兵南征。孝文帝假装很生气，对拓跋澄吼道："我是一国之主，凡事自有我做主，您不要倚老卖老。"拓跋澄忠心爱国，依然义正词严地说："微臣是社稷之臣，不能眼睁睁地看着陛下白白断送了国家的前途。"

过了一会儿，孝文帝慢慢地说："大家都是为了国家的前途考虑，虽然您有顶撞之意，但念在您年迈功高，我也就不计较了。此事到此为止，无需再议。"其他大臣看气氛如此紧张，也都不敢再说什么了。退朝之后，孝文帝单独将拓跋澄留下，语重心长地对他说："刚才我发脾气，目的只是喝退其他想要进言的大臣。其实，这次南征是假，我的本意是要迁都到洛阳，可我知道群臣一定会激烈反对，所以不便对他们直言，只好借南征之名。现在的平城，早已不适合继续做北魏的都城了。国家要发展，要实现统一大业，必须迁都到富庶的中原地区。我认为，洛阳是最好的选择。"一席话说得拓跋澄转忧为喜，他连连点头，赞成孝文帝迁都。拓跋澄还对孝文帝说："大臣们性格执拗，脾气倔强，但陛下只要下定决心，迁都之事就一定能成。因为迁都洛阳是明智之举，从长远来看，对国家大有裨益。"孝文帝听到此言十分欣慰。

好戏落幕，迁都洛阳

孝文帝首先命令将士在黄河上铺设浮桥，为大军渡河作好准备。一切就绪后，孝文帝于当年秋天率领三十万大军从平城出发，浩浩荡荡地向

少年读全景
资治通鉴故事 4

魏纪·晋纪·宋纪·齐纪·梁纪·陈纪　　齐纪　　北魏迁都洛阳城

南方挺进，一同出征的还有朝中众大臣。

大军到达洛阳时，秋雨连绵，道路泥泞不堪，湿滑难走，将士们再也不想继续向南进发了，随行的大臣们也是疲惫不堪。于是，孝文帝命令大军在洛阳驻扎，暂时休整，等雨停后继续前进。几天后，雨停了，可随行的大臣和将士们却根本不想继续南征，大家都努力寻找各种理由和借口，哭丧着脸不愿启程。

这正是孝文帝预料中的情形，他心中窃喜，故意翻身上马，装出要自己一个人孤身南征的架势。大臣们吓得全都跪在马前，请求孝文帝停止南征。孝文帝故作怒状，大声呵斥道："你们这是在阻止我实现统一的大业！"安定王拓跋休、尚书李冲等抱着孝文帝的马，放声痛哭，请求他珍重。

孝文帝见此情景，便不再继续伪装了，趁机对大家说："南征之事早已商定，而且也昭告天下，人尽皆知。如今已经全军出动，倘若半途而废，回去该如何向世人交代？我也知道大家鞍马劳顿，不愿继续南征。可就此打道回府是万万不可的，这岂不是让后代人笑话？既然大军已经到

了洛阳，不如就迁都于此吧。此地交通便利，富庶发达，也确实比平城更适合做都城。"说完，孝文帝让大臣们作出抉择，同意迁都的站在一边，不同意的站在另外一边。结果，大部分大臣都表示同意迁都，站在了孝文帝的左边，还有几位老臣坚决反对，所以站在了右边。

这时，南安王拓跋桢赶紧站出来，说停止南征、迁都洛阳是明智之举，大家应该为国家的长远利益考虑。这几位守旧大臣听他分析得很有道理，再加上自己势单力薄，最后也只好同意了迁都之事。第二年（494），北魏将都城正式迁到了洛阳。孝文帝智谋过人，成功地说服了鲜卑守旧大臣，实现了迁都的计划。定都洛阳后，北魏开始了一系列的改革行动，实力更加强大。

▲（北魏）乐人俑
宁夏彭阳北魏墓出土，两个乐人，一个吹角，一个持鼓，都头戴翻沿小帽，是北魏时期军乐队成员的造型。

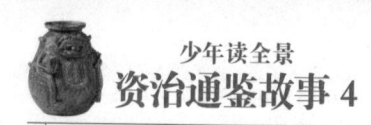

孝文帝汉化改革

冯太后去世后，孝文帝亲自执政。他首先冲破重重阻力，成功地迁都到了洛阳；之后又大力推行汉化政策，在全国范围内大胆改革。他执政期间，北魏的综合国力大大增强。同时，他也为促进北方各民族的融合和发展做出了巨大的贡献。

发生。孝文帝即位后，各地起义、暴动依然经常发生。当时，统治阶级内部同样矛盾尖锐，斗争激烈。在重重矛盾之下，北魏的发展受到了极大的阻碍。要解决这些矛盾，必须全面、深入地进行政治、经济、文化改革。孝文帝清醒地认识到了这一点，决心改革，以缓和社会矛盾，巩固北魏政权，促进社会发展。

各种矛盾下催生的改革方案

孝文帝英明果断，顺应时势，锐意进取，有勇有谋。作为我国古代杰出的政治家、改革家，他制定了一系列改革措施，极大地促进了北魏的发展和北方各民族的融合。当时的北魏虽然国力十分强大，但其文化水平远远低于中原地区。

孝文帝认为，想让北魏发展壮大并最终统一南北，就必须学习中原先进的汉族文化。因此，他不持民族偏见，重用汉人。他本人也具有很高的汉文化修养，所以制定了一系列有效的汉化措施。

北魏统一北方初期，对各族人民施行残暴的统治，租税众多，徭役繁重，使得人民不堪重负。当时北方战事颇多，鲜卑贵族强迫其他各族人民充当步兵，在打仗的时候冲在最前面，而自己则在后面督阵。前面的步兵稍有迟缓怠慢，就会被后面的骑兵活活踩死。同时，他们还掠夺百姓的牲畜和粮食，虐待俘虏。所以，当时北魏社会的阶级矛盾和民族矛盾都十分尖锐。

北魏初期统治者残酷的阶级剥削和民族压迫，激起了各族人民的不断反抗，各地暴动频频

迁都洛阳，改革风俗

首先被提上议事日程的就是迁都一事。平城气候寒冷，位置偏远。而洛阳地处富庶的中原地

▶（北魏）元怀墓志铭拓片
北魏孝文帝实行汉化改革后，鲜卑人一律改为汉姓，拓跋氏改姓元。这篇墓志铭的主人元怀就是北魏鲜卑族宗室子弟。

魏纪·晋纪·宋纪·齐纪·梁纪·陈纪　　齐纪　　孝文帝汉化改革

区，土地肥沃，交通便利，经济发达，是当时最适合作为北魏都城的地方。于是，孝文帝费尽周折，成功地将都城从平城迁到了洛阳。

迁都洛阳后，孝文帝在全国范围内推行了严格的汉化政策：禁止所有的鲜卑族人使用胡语，一律使用汉语；禁止人们再穿胡服，一律改穿汉服；鲜卑人死后，不得归葬平城，必须安葬在中原地区。孝文帝认为，仅仅改变生活习惯是不足以改变文化的，还必须从多个角度出发，深入地推行鲜卑汉化的改革。鲜卑原为游牧民族，其文化水平较低，因此一定要利用先进的汉族文明来完善北魏的国家体制和文化体系。

随后，孝文帝在废止鲜卑原有的语言和服饰的基础上，进行了大刀阔斧的改革。他首先从鲜卑姓氏入手，改拓跋氏为元氏，便给自己改名为元宏；另外，他还将一百多个鲜卑姓氏均改为汉姓。这些强制性的措施，都是为了减少民族差异、消除民族隔阂。从此，居住在洛阳的鲜卑人开始学习汉族的农耕技术，适应汉族的生活习惯。鲜卑文化与汉族文化也渐渐融合。

除此之外，为使鲜汉两族进一步融合，孝文帝还大力提倡鲜卑人与汉人通婚。他带头纳范阳卢敏、太原王琼、陇西李冲等汉族大士的女儿为妃，以充后宫；在他的六个王妃中，除代郡穆明乐女出自于鲜卑贵族外，其余都出身于中原汉族。

孝文帝的改革是自北魏建立以来，从未有过的改革。他全盘接受汉族的典章制度，大大地促进了汉族与鲜卑族的融合，在历史上有着巨大贡献。尽管当时还是有一部分鲜卑人抵制汉化，但也无法阻挡民族融合的历史浪潮。

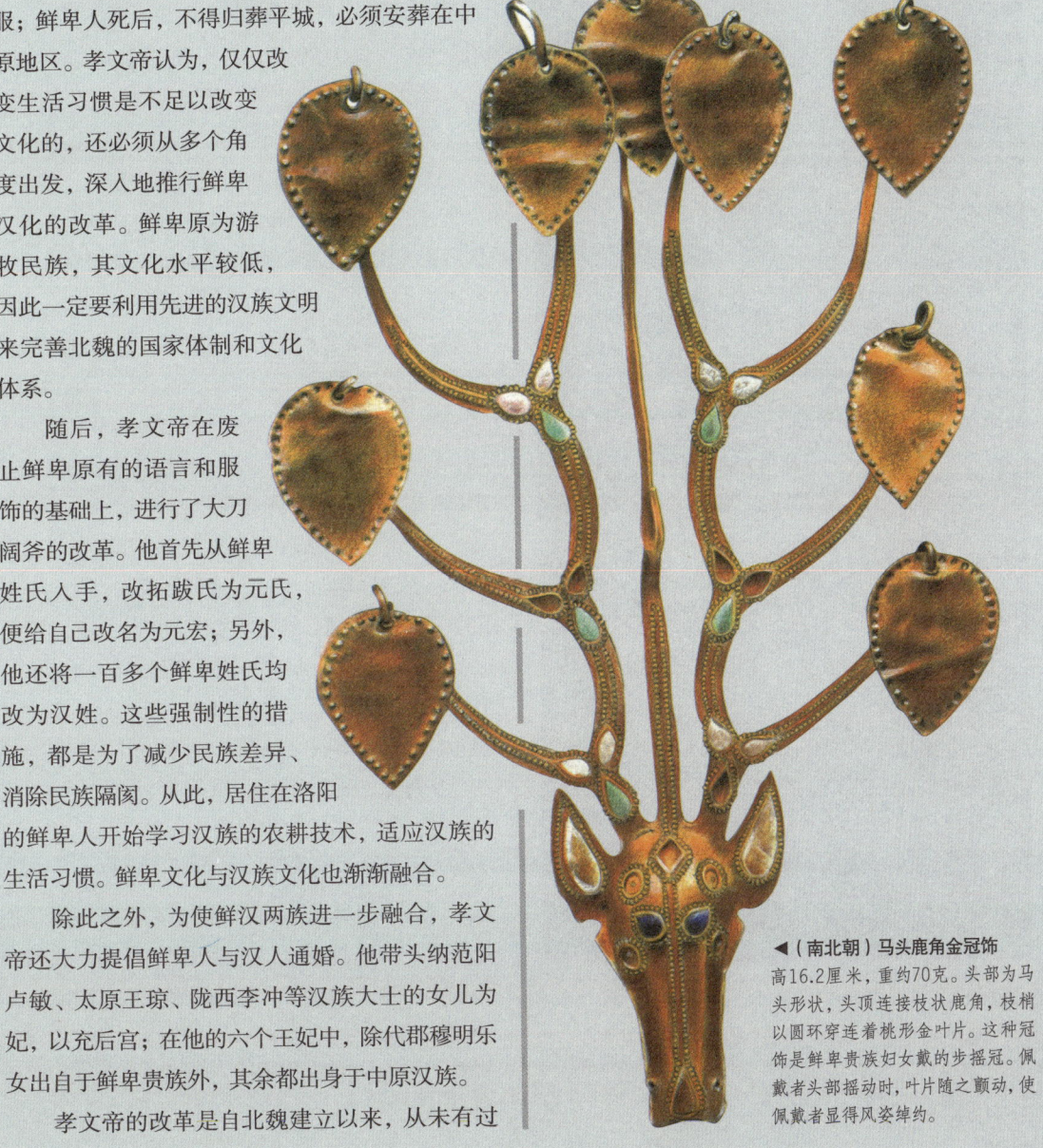

◀（南北朝）马头鹿角金冠饰
高16.2厘米，重约70克。头部为马头形状，头顶连接枝状鹿角，枝梢以圆环穿连着桃形金叶片。这种冠饰是鲜卑贵族妇女戴的步摇冠。佩戴者头部摇动时，叶片随之颤动，使佩戴者显得风姿绰约。

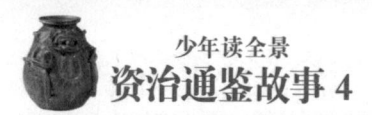

孝文帝汉化改革

划分门第，平定叛乱

496年，为了使鲜卑族尽快汉化，雄才大略的孝文帝还重兴了魏晋时的门阀制度。孝文帝将功绩的大小和职位的高低作为划分的准则，把姓氏分成甲、乙、丙、丁四级；并按照姓氏把各州郡的汉族人分成了四个等级，即四海大姓、郡姓、州姓、县姓。这样，中原的等级观念就有了重大的改变。孝文帝的改革初见成效时，鲜卑贵族就发起了一场变乱。当时，包括孝文帝之子元恂在内的许多鲜卑贵族都非常不赞同迁都和汉化。平时，元恂就极其不喜欢诵读汉文的经史典籍，还非常厌恶洛阳的气候，十分想念平城。一次，在孝文帝外出巡游时，元恂带着自己的家眷准备趁机返回平城，却在归途中被禁卫军阻截。最终孝文帝废了元恂的太子之位，还处死了他。这时，北魏恒州刺史穆泰、定州刺史陆叡和当地的鲜卑贵族相勾结，打算于恒、定两州发兵，反叛朝廷。孝文帝知道后，赶紧命任城王元澄领兵去镇压叛变。

元澄一边领兵攻打叛军，一边命人潜进这两州去说服叛军。正当叛军主帅犹豫不决之时，元澄领兵围攻城池，使得叛军溃散而逃，并趁乱擒住了穆泰和陆叡，最终平定了叛乱。499年春，在孝文帝亲自率领大军征讨南齐之际，他却不幸身患重病，不得不撤回了洛阳。在归途中，孝文帝病势越来越重，他知道自己大限将到，就下旨让包括北海王元祥和镇南将军王肃在内的六位心腹重臣来辅政。

孝文帝叮嘱这六位大臣："我本来打算让你们同我一起除掉南齐，平定中原。可如今我怕是实现不了这个愿望了。我只期望你们日后能用心辅政，为国家的繁盛费心尽力。"不久，在谷塘原行宫，北魏杰出的政治家、改革家孝文帝病逝，年仅三十三岁。

▲弥勒佛像
此佛像坐姿，穿袈裟，袒右臂。袈裟有衣纹。右手抚膝，左手持莲茎，舟形背光，阴刻头光、身光及火焰纹。树枝式台座，有镂空卷草纹。其下为小莲台，刻覆莲。最下为四足方座。铭文刻于背光后。

少年读全景资治通鉴故事 4

魏纪·晋纪·宋纪·齐纪·梁纪·陈纪

梁 纪

公元502年~公元557年

魏纪·晋纪·宋纪·齐纪·梁纪·陈纪　　▶▶ 梁纪　　▶▶ 和尚皇帝萧衍

梁纪
和尚皇帝萧衍

梁武帝萧衍是中国历史上著名的和尚皇帝，他博学能文，长于诗赋，精通音律，还擅长书法。萧衍曾在齐时任雍州刺史，镇守襄阳，而后乘齐内乱，起兵夺取了帝位，建立了梁朝。后来，萧衍沉迷于佛学，无心朝政，曾三次舍身同泰寺，最终使梁朝灭亡。

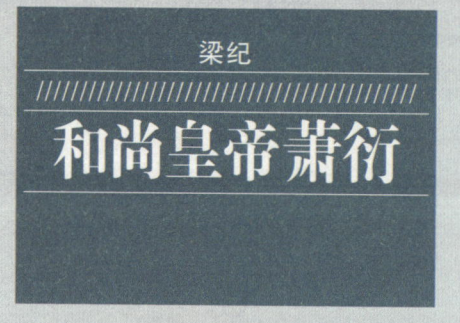

文武双全，博学多才

萧衍，字叔达，南兰陵（今江苏丹阳）人。他与齐朝的萧氏同族，其父萧顺之为齐高帝族弟，曾帮族兄萧道成夺取了刘宋的江山，担任过侍中、卫尉等大官，很威风。他的生母张尚柔是西晋文学家张华的后代，学识渊博。在母亲的教育下，萧衍所学甚广，经史百家、诗书棋画、观星测月、骑射击斗，莫不通晓。

萧衍博学多才，而在文学上更有禀赋，初入官场就让竟陵王萧子良赞叹不已。此后他就常去萧子良在西州鸡笼山建的别墅西邸，与在此的文人相会交游。萧衍与经常来此的沈约、谢朓、范云、王融等人合称"竟陵八友"，是当时的著名人物。沈约是后来《宋书》《齐纪》等书的作者，谢朓则为著名诗人。萧衍极爱学习，手不辍卷，后来他身居皇位，事务繁多，可夜晚仍在灯下苦读。他写过《通史》六百余卷；还自己草书朝廷的诏诰、赞、序等公文，共有一百二十卷之多；他还改写"百家谱"，重用士族。历史上像萧衍这样勤于学习的君主很少见。

交战北魏，受到重用

萧衍因自己的家族关系，初入官场就在卫将军王俭的手下谋事。他才华出众，举止不凡，王俭很看重他，升他为户曹属官，后又被升任为随王的参军。他又与骁骑将军萧鸾关系甚密，常为其出谋划策。

齐武帝之后登基的新皇帝萧昭业不管政事，只顾玩耍享受，大臣怎么劝他都无济于事。于是，手握大权的萧鸾就将萧昭业废黜了，拥立新安郡王萧昭文即位。三个月后，又废萧昭文，自己登上帝位，是为齐明帝。

萧鸾当了皇帝后，想着萧衍出谋划策的功劳，就提拔他任中书侍郎，不久又升他为黄门侍郎。从此，萧衍地位日益

▶梁武帝萧衍像

魏纪·晋纪·宋纪·齐纪·梁纪·陈纪　　梁纪　　和尚皇帝萧衍

显赫。

萧鸾刚刚坐上龙椅，北魏孝文帝就率大军攻打齐朝，萧鸾发出主力兵马迎敌，又让萧衍及平北将军王广之带兵支援前方。萧衍率军勇战，逼退了北魏人马。明帝将他升为太子中庶子。

497年，北魏再次挥兵南下，进击雍州。

翌年，北魏打败了萧衍和崔慧景带领的齐军。不过，齐明帝并未怪罪萧衍，还让他当雍州刺史，管理雍州军政事务。萧衍的势力由此增强，为以后争夺皇位打下了基础。

工于心计，灭齐建梁

萧鸾当了五年皇帝就因病去世了，他的儿子萧宝卷继任，这就是历史上著名的东昏侯。

萧宝卷施政无术，暴虐无能，初为帝就滥杀无辜，诸多功臣遭难。萧衍十分不满，渐渐同东昏侯形成水火之势，私下同部众商议废了东昏侯，众人都表示支持。为了找借口出兵，他拥立时为南康王的萧宝融为帝，并积极联络朝中要臣。

萧宝卷抵不住内外夹攻，被萧衍废黜。萧衍为萧宝融登基立了大功，被加升为大司马，因此获得了更大的权力。

萧衍执掌了齐国大权，心中有自立为帝的想法，可他并没有急于行动，而是耐心等待良机。挚友范云与沈约都劝说他登基，他们还与众大臣一同逼萧宝融让位。

萧衍起初不断推辞，萧宝融的禅让诏书拿过来后他又佯装推托。后来众臣一齐恳请他赶快称帝，他才同意了。

502年春，萧衍称帝，改齐为梁，是为梁武帝。

▲（北朝）千佛碑

▲（北燕）鎏金木芯马镫
辽宁省博物馆藏。木芯为桑木条揉成，外面包钉一层鎏金铜片。马镫是中国人在3世纪前后发明的，此前人们骑马无镫，虽可纵身上下马，但奔跑和作战时极为不便。这副为唯一有绝对年代可考的完整马镫，墓葬年代为415年。

和尚皇帝，舍身事佛

梁武帝早年还有些作为，可他后来笃信佛教，成了一个虔诚的佛教徒。他严遵不杀生之戒，不让宰杀牲畜，不吃荤腥，每日以粗饭为食，即使是祭祀和宴会也规定不能用肉类。他禁欲而不与后宫妃子共寝，连床上的被褥都十分粗糙，并且要用很久。他穿麻衣粗布，也不让嫔妃穿华丽的衣服。

他不饮酒，也不享受音乐等娱乐，每日五更就起床理政，以显示自己辛勤治国。即便是寒冷的冬日，手上生了冻疮他也不在意。不过，他只是节省自己的生活用度，在修建佛寺礼敬佛祖时却十分铺张，小小的建康城内就有五百座佛寺，每个寺中都养着大量僧人。另外还有塑像、燃香、诵经等方面的开支，花费极大。

受皇帝尊佛、敬佛的影响，梁朝的百姓大量出家，建康城的僧人数目高达十多万，这些僧众享有国家规定的特殊待遇。在梁武帝的引领下，贵室公卿纷纷效仿，他们也造佛寺，有的索性搬出自己的宅子，用宅子做佛寺，有的施舍大量钱财给佛寺，祈求福报。

梁武帝沉迷于佛教不能自拔。他想永远礼侍佛祖，在位期间，先后三次舍位入皇家寺庙同泰寺为僧。第一次，梁武帝断绝凡心，想舍皇位入寺为僧，三日后返还。两年后，他又弃身入寺，住了十几天，臣子们久久恳求，花了一亿钱才将他赎了出来。后来，梁武帝再次入寺礼侍佛祖，臣子们接连三次请他回宫，他仍然无动于衷。最后，大臣们无奈，不得不再凑一亿钱将他赎回。

梁武帝晚年昏聩无道，接受了东魏大将侯景的降服，后来侯景反叛，领兵攻击建康。侯景把梁武帝囚禁起来，吩咐手下人不准给他饭吃。最后，八十五岁的梁武帝被活活地饿死了。

梁武帝因崇奉佛教荒废朝政，花大量的财富修佛寺、供养众多僧侣，还免去他们的赋税。这样一来，赋税重担压在了百姓身上，引得百姓怨声载道，终于使国家失去了稳定和团结。

▼南京鸡鸣寺
位于南京鸡笼山东麓山阜上。南朝梁普通八年（527），梁武帝在此兴建同泰寺，此后经常到寺里说法讲经，听众逾万，该寺逐渐成为佛教圣地。明代洪武年间，寺院重建，更名为鸡鸣寺。

少年读全景
资治通鉴故事 4

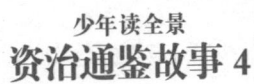

| 魏纪·晋纪·宋纪·齐纪·梁纪·陈纪 | 梁纪 | 昭明太子编《文选》 |

梁纪
昭明太子编《文选》

南朝著名的文学家萧统是梁武帝萧衍的长子，两岁时被立为太子，可还没即位就去世了，谥号昭明，史称"昭明太子"。萧统文学造诣颇深，他召集文人学士，广泛收集古今诗文，辑成《文选》三十卷。《文选》是中国古代第一部诗文总集，选录了先秦至南朝梁各种文体的代表作，对后世影响非常深远。

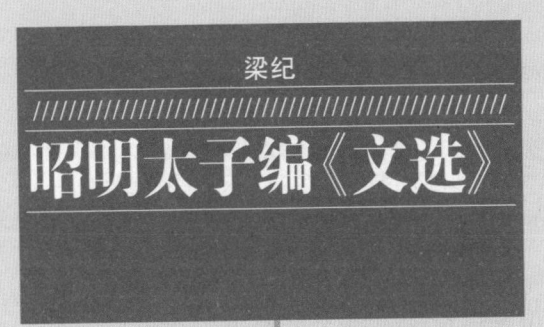

英才少年，心地纯良

梁武帝萧衍的长子萧统，字德施，是南朝时著名的文学家，在我国文学史上占有重要地位。萧统两岁时被立为太子，未即帝位而卒，谥昭明，史称"昭明太子"。

萧统从小就勤奋好学且颇具才气，性情忠厚仁孝。十六岁时，他得知母亲病重，就立即从东宫搬到母亲的宫室，日夜侍候在母亲床前，朝夕侍疾，经常在母亲床前和衣而眠。母亲离世后，萧统痛不欲生，茶饭不思。在梁武帝数次下诏劝逼之下，他才强忍悲伤，开始进食。孝期满后，原本很健壮的萧统变得憔悴不堪。

萧统心地善良，极富同情心。他在十二岁的一日，看见了一名审讯囚犯，仔细地察看了卷宗之后，萧统认为此人罪不至死，请刑官从轻发落。刑官将此事禀报给了梁武帝。梁武帝甚是欣慰，认为儿子忠厚仁慈，十分难得。梁朝普通年间，接连不断的战事致使京都粮价高涨，百姓叫苦不迭。萧统闻知此事后，就命东宫

人全都节衣缩食。每逢雨雪天寒时，萧统都会命人将节省下来的衣服和粮食送给有需要的百姓。他每年还会命人多做数千件衣服，等到严冬时，就下令将这些衣服分发给贫苦之人。萧统宽厚仁慈，品德高尚，因此深受世人尊敬和爱戴。

归隐镇江，英年早逝

萧统十分欣赏晋朝才子左思，尤喜其脍炙人口的诗作《招隐》。萧统素喜山水，也常常和文人们出游，以此获得创作的灵感。后来，他感慨于《招隐》里"山水有清音"的妙境，便决定归

◀ 青瓷供台
祭祀器具。上部有长条形板，置四个直口深腹、形似竹节的小杯，供插蜡烛之用。下部有倒置长柄莲蓬座，刻双层覆莲纹。通体施青釉，青中泛黄。

少年读全景
资治通鉴故事 4

魏纪·晋纪·宋纪·齐纪·梁纪·陈纪　　▶ 梁纪　　▶▶ 昭明太子编《文选》

隐山林。

在归隐期间，萧统研读典籍，修身养性，还召集众多文人学士编选《文选》。他身体力行，为《文选》的选文和编纂提出了很多宝贵建议。此外，萧统依旧心系百姓，每当天降大雨或积雪不化时，他总要派身边亲近之人，巡行大街小巷，看望穷苦人家，并给予他们救济。如此优秀之人，却在游湖之时，不慎跌入湖中，大腿被刮伤。之后伤口感染，致使萧统英年早逝，年仅三十一岁。梁武帝悲痛不已，赐谥号昭明。

从二十岁归隐镇江到三十一岁过早离世，萧统在镇江招隐山度过了人生最关键的十一年。长桌、油灯、竹席和几把座椅是他房间里仅有的器具。而今昔人已逝，可遗址尚在。萧统不计其数的仰慕者在招隐山留下了无数的溢美之词，其中最为感人的就是清人王士禛的一首诗："王孙读书处，梵宇自萧森。无复维摩室，空余双树林。荒台梁碣尽，夕景楚江阴。古像悲犹在，风流不可寻。"

文质并重的巨著《文选》

《文选》是一部遴选了从先秦至南朝梁代的优秀诗文作品的文学总集，共有三十卷，七百余篇诗文。由于这部书是昭明太子萧统主持选编的，因此后人就称《文选》为《昭明文选》。

起初，萧统为《文选》的内容和立意绞尽脑

◀ 青瓷六系罐
南北朝时期的青釉瓷器整体来说质量不如晋代，但其精致程度与艺术性比前代更具特色和韵味。

汁。他注重诗文作品本身的文学特色，没有选择诸子百家的哲学作品，也不考虑记述史实的史传，而是别出心裁地把诗赋、词句和散文选编进了《文选》，所以《文选》也可谓是我国现存最早的诗文选集。萧统认为，诗文应当"丽而不浮，典而不野"，因此所选的文章也应当和"事出于沉思，义归乎翰藻"的准则相吻合。他要求只有词藻华丽，而且文理兼容的诗文才能入选。因此对于当时极为盛行的艳文，《文选》一概不选录。虽然《文选》也并未囊括前朝所有的诗文精华，可它仍是研究梁朝之前文学作品的宝贵资料。

《文选》一问世，就备受好评。此后相继有很多学者为它作注，以满足世人细致阅读《文选》的需求。唐初学者李善以众多的史料为基础，将《文选》析为六十卷，并为其作注，撰成《文选注》，这也为后人留下了宝贵的《文选》研究资料。此后《文选》就广为流传。开元年间的吕延济、刘良、张铣、吕向、李周翰等五人也曾合注《文选》，后人称之为"五臣注"。

诗圣杜甫曾要求其子"熟精《文选》理"，宋朝的陆游也曾指出民间有"《文选》烂，秀才半"的谚语。谚语的意思是只要熟读《文选》，就算是半个秀才了。由此可见《文选》对后世的影响之大，它也当之无愧地成为后世文人学习文学的重要教科书。

少年读全景
资治通鉴故事 4

▶▶ 魏纪·晋纪·宋纪·齐纪·梁纪·陈纪　▶▶ 梁纪　▶▶ 昭明太子编《文选》

▲（南朝）青瓷虎子
1984年宜兴出土，口径7.4厘米，通长30厘米，通高20.4厘米。虎昂首引颈长啸，双眼炯炯有神，虎腰内收而微微下塌。臀部重心略向后移，后肢屈蹬，前肢斜撑，形象非常生动。

侯景祸乱江南

忠义之人自古以来都会受到世人的敬仰，但南朝时的侯景却三易其主，且每次都以反叛结束，从而留下了千载恶名。侯景生性残暴，投降梁朝后阴谋反叛，制造了"侯景之乱"，使江南地区的百姓饱受蹂躏。最终，同历史上的许多暴君一样，侯景死于自己的部下之手。

小人得志，先后易主

侯景字万景，北魏时生于边境的怀朔镇（今内蒙古固阳南），这个地方很不太平，经常发生战争。在这种环境下长大的他自小就十分勇猛，喜欢争斗，乡亲们都很怕他。他长于骑马射猎，功夫十分了得，那时北魏边界发生六镇起义，侯景就召集了一群混混投到极有权势的北魏大将尔朱荣手下，做了个小军官。不久，侯景抓到农民起义首领葛荣，立下了功劳，尔朱荣就让他做定州刺史。尔朱荣因专权被皇帝消灭后，侯景马上调转方向，投靠另一权臣高欢。高欢提拔他为吏部尚书，不久又封其为濮阳郡公。

后来，因看不惯高欢的专横无忌，北魏孝武帝元修到长安封宇文泰为大将军、雍州刺史兼尚书令。高欢大怒，立即拥护清河王世子元善见登上帝位。北魏朝廷就此一分为二：宇文泰杀孝武帝，立文帝，建西魏；高欢则另立孝静帝元善见，建东魏。

高欢自封为东魏丞相，将军事实力集中于河北，以抗击西方的宇文泰。他命侯景率万人防御黄河之南的地方。侯景横扫敌军，相继将西魏的名将贺拔胜、独孤信等打败，而且拿下了南梁的楚州。立下如此功劳之后，高欢对他更加倚重，封其为尚书仆射、河南道大行台。

◀（北魏）释迦牟尼佛像
首都博物馆藏。通体镀金，佛头上肉髻大而光滑，面形长圆而饱满。佛像身披袈裟，衣质有厚重感，边角下垂成三角形垂幔，下座失。

屡当叛将，反复无常

后来，高欢病重，他不放心侯景，就让其子高澄下令召侯景回京。侯景明白自己一旦远离驻地与军队，就会失去一切，于是就违抗命令不动身回京，还图谋反叛。高欢死后，侯景就心急火燎地投靠西魏去了。西魏的丞相宇文泰不相信他的诚心，不过还是接纳了他的献地，并让他到长安朝见，准备在长安解除他的军权。侯景并不愚蠢，他猜透了宇文泰的心思，所以没有去长安而转投南梁。

梁武帝年老糊涂，不顾朝中众臣的一致反对，固执地接纳了侯景，还重用他为大将军和河南王，随后遣萧渊明领兵前往支援。东魏名将慕容绍宗带兵在路上进攻南梁军队，梁军息战已久，人心散乱，被东魏军打得落花流水，萧渊明

魏纪·晋纪·宋纪·齐纪·梁纪·陈纪　　梁纪　　侯景祸乱江南

也被俘虏。慕容绍宗接着去打侯景，侯景惨败，只带数骑逃至寿阳。

东魏同南梁素来没有嫌隙，现在不想再得罪南梁，于是打算派使者去讲和，表示愿意放回萧渊明。侯景得知此信，心中很不安，他让人扮成东魏使者送伪书给梁武帝，说可以用侯景换萧渊明，以此来试探梁武帝。昏聩的梁武帝不辨真假，同意了。侯景大怒，即刻兴兵反梁。

叛臣贼子，攻占建康

侯景图谋反叛之时也找好了内应，即梁朝的临贺王萧正德。萧正德是梁武帝的养子，梁武帝即位后立其子萧统为太子，萧正德由此怀恨不已。侯景应承他说成功后立他为帝，萧正德就与他内外联合，发动兵变。

得知侯景进军建康，梁武帝满不在乎，他笑言："他能做什么大事？看我用鞭子狠抽他一顿！"之后派出兵将平叛。梁朝已经许多年没有动过兵了，带军的将领随武帝整日拜佛烧香，早就疏于战事。梁军军心涣散，软弱无力，而侯景手下将士个个如狼似虎。因此，侯景带军所向披靡，梁军如同惊乱的群羊，毫无抵抗力。

后来，侯景将梁朝皇宫所在地台城重重包围，城里的士兵和百姓全力抗击，双方对峙了四个多月。梁武帝日夜等待各地诸王的军队前来救援，可他们虽来了，却都作壁上观，想坐收渔翁之利。

暴徒横虐，祸乱江南

不久，台城落入侯景之手，梁武帝萧衍和太子萧纲被俘虏。时梁武帝年过八旬，侯景懒于对他动刀，只是不给饭吃，终于把这个曾经叱咤风云的皇帝活活饿死。在完全占领了建康以后，侯景暴露出了他凶残的本性，竟下了屠城令，数不清的百姓死在乱刀之下。从东吴始，已经营三百多年的建康一下子沦为荒城，繁华散尽，"千里绝烟，人迹罕见，白骨成聚，如丘陇焉"——侯景实在罪大恶极。

之后，侯景于551年称帝。翌年，梁将王僧辩和陈霸先领兵进攻侯景，侯景气数已尽，连忙逃跑。他的属下羊鹍趁他熟睡的时候，将其杀死，结束了这个凶狠暴戾的刽子手罪恶的一生。

▶（东魏）萨满教巫师彩陶俑

少年读全景
资治通鉴故事 4

魏纪·晋纪·宋纪·齐纪·梁纪·陈纪　　梁纪　　陈霸先代梁建陈

梁纪
陈霸先代梁建陈

侯景之乱祸害了江南百姓，同时也为雄心勃勃的武将陈霸先提供了实现梦想的良机。陈霸先先是平定了侯景之乱，之后又顺应民心讨伐王僧辩，在抵抗北齐的两次进犯时又立下了赫赫战功，因此被加封为陈公，后又被封为陈王。此后，他逐渐掌握了军政大权。557年，陈霸先登基称帝，开创了南朝的最后一朝——陈。

谋略有加，志向高远

陈霸先，字兴国，吴兴长城（今浙江长兴）人，是南梁的名将。陈霸先的祖先是渡过长江来到南方的移民，他家境贫寒，生活艰难，可志向远大。他自小爱看兵书，武艺超群，长大后为了能够有所建树，决意入伍。

起初，陈霸先在广州刺史萧映属下当差，任中直兵参军，没多久又被任命为西江督护、高要太守。后来，新州刺史卢子雄平定叛乱遭遇失败，朝廷要将他斩首。卢子雄之子及下属部将对此不满，就兴兵谋乱，进军广州。陈霸先带几千军马反击，将其歼灭。这场胜仗让陈霸先威名远扬，梁武帝也十分欣赏他，任命他为直阁将军，封号新安子。

讨伐侯景，平叛有功

侯景叛军包围建康时，梁朝朝夕不保，梁武帝敦促广州刺史萧勃出兵救难。这时，萧映已经病逝，继任者萧勃尽管是皇室宗族，可并不与武帝同心。他想再等几天，到建康的兵事差不多结束时再过去坐收渔翁之利。因此，陈霸先多次向他请求发兵，他都没有答应。陈霸先不知该打还是该留，正在犹豫之际，一个名叫侯安都的人站出来鼓励他发兵勤王。侯安都在当地有钱有势，很有雄心，他看准了陈霸先非等闲之辈，将政治赌注押在了他身上，出财出力给陈霸先募集人马，支持他北进建康。陈霸先得此支持后，很快发兵赶往建康。翌年春，陈霸先率精兵三万同梁朝将军王僧辩会师，共谋击讨侯景。

侯景攻下建康后滥杀无辜，百姓们恨不得生食其肉，在得知两路军队前来攻伐侯景后，无不欣喜。最后两军联合大破乱军，侯景被彻底

◀（北齐）陶牛

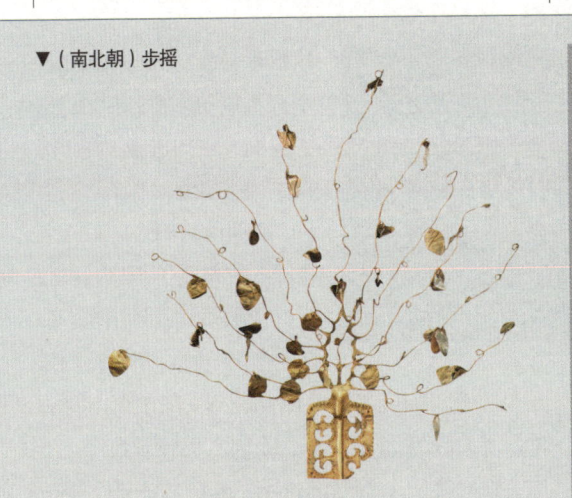

魏纪·晋纪·宋纪·齐纪·梁纪·陈纪　　梁纪　　陈霸先代梁建陈

▼（南北朝）步摇

打垮，逃命路上被手下所杀。平定了侯景之乱，湘东王萧绎就于江陵登上帝位，是为梁元帝。陈霸先伐贼立功，被任命为征虏将军、开府仪同三司、司空，领扬州刺史，驻扎京口（今江苏镇江），王僧辩则驻守建康。

诛杀异党，击退齐军

不久，西魏乘隙进兵，攻破了梁都江陵，王僧辩未能及时赶去救难，梁元帝遇害。陈霸先同王僧辩商议后，拥立梁元帝的第九个儿子萧方智在建康登基，是为梁敬帝。此时，梁朝因为争战过多，社会动荡不安，已取代东魏的北齐趁此机会遣兵送回俘虏萧渊明，逼王僧辩将萧渊明立为皇帝，建立傀儡政权，以扩大自己的势力。王僧辩慑于北齐的威势，同意了，他将梁敬帝废掉，接回了萧渊明。这个卖国之举大大损害了王僧辩的名声，他此前平乱的功劳顿失光彩。陈霸先同部属共议讨伐王僧辩，其后率军由京口出战，直逼建康。丧失民心的王僧辩不久就兵败身亡。之后，陈霸先拥梁

敬帝复位，自任为大都督，管理军事。此后不到两年的时间里，陈霸先相继抵挡住了北齐的两次侵犯，被加封为陈公，后又被封为陈王。

建立陈朝，重整河山

当时，梁朝一片混乱，梁敬帝也是一个平庸无能的皇帝。面对千疮百孔的局面，他无力修补，于是准备让贤。

557年，梁敬帝退位，陈霸先登基称帝，梁朝就此结束，而南朝的最后一个朝代陈就此建立。陈霸先当了皇帝以后，采取一系列恢复国家秩序的措施，他自敛宽宥，仁爱为本，宽松行法，体恤民情；大力发展长江流域的经济，最终使长江流域成为繁华之地，为岭南和东南沿海地区经济的发展奠定了根基。陈霸先为帝三年，广用贤能，清正廉明，使江南的社会局势渐渐稳定了下来。后人对陈霸先的功劳和地位给予了高度肯定，赞他"江左诸帝最为贤"。

◀折叠桥
这是一种攻城过护城河的器械，攻城时，如果壕沟宽阔，即用折叠桥，将两座壕桥相接以补足长度。折叠桥由转关（销轴）和辘轳（绞车）两大部分组成，转关用于连接桥面，辘轳是用于控制补足桥面的俯仰度。

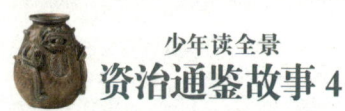

白袍将军陈庆之

梁纪

南北朝时，洛阳城内广泛流传着这样一首童谣："名师大将莫自牢，千军万马避白袍。"意思是说，不管你是怎样的名将，有怎样强大的军队，最好都远远避开白袍骑兵。这支威名远扬的白袍骑兵是由梁朝名将陈庆之带领的。军队仅有七千余人，却将北魏铁骑打得失魂落魄，令北魏兵将闻之色变，在我国军事史上书写了一段传奇。

莫问出身，凭风借力

侯景之乱把江南搞得乌烟瘴气，使得建康的百姓大多流离失所，痛苦不堪。曾有人仰天悲叹："假如陈庆之将军晚死十年，这大好河山怎会遭此劫难！"那么，陈庆之到底是何等人物？

陈庆之，字子云，义兴国山（今江苏宜兴）人，出身寒门。这种出身的人在那个看重门第的时代很难得势。不过陈庆之后来有幸跟随萧衍，由此获得了改变人生的机遇，终于成就了一番事业。

萧衍担任南齐雍州刺史时，非常爱下围棋，兴致高时会通宵达旦地下棋。如果他棋瘾犯了，不管是白天还是半夜，陈庆之总是随叫随到。即便萧衍身边的随从都困得站不稳了，陈庆之仍神采奕奕。那时，他只是一个普通的侍从。陈庆之的棋下得极好，可他长得瘦弱，相传他骑马技术很不好，难开弓弩，没人觉得他有为将的潜质。

不过，萧衍对陈庆之"甚见亲赏"，十分喜欢他。萧衍兴兵讨伐无道之君萧宝卷，进兵南齐时，他还不忘棋友，封陈庆之为主书。主书是南北朝时期的一个十分重要的官职。出身寒门的陈庆

▶（南朝）陶牛车
江苏南京中华门砂石山墓葬出土。陶牛车为六朝时南方普遍使用的交通运输工具，并且许多王公大臣都把它当成冥器用来陪葬。

少年读全景
资治通鉴故事 4

▶▶ 魏纪·晋纪·宋纪·齐纪·梁纪·陈纪　　▶▶ 梁纪　　▶▶ 白袍将军陈庆之

◀（南朝）陶男俑
男俑身穿长袍，头戴小冠，为当时世族豪门中的男仆形象。

之此时可谓一步登天。

后来，萧衍领兵攻进了建康城，改国号为梁，自立为帝。而陈庆之此时在雍州做官，常常聘请才士，提升自己的能力，考虑着有朝一日能为国效力。

风云际会，横空出世

525年，北魏徐州刺史元法僧叛乱失败，就在彭城向梁朝投降，请求梁武帝出兵援救。梁武帝接受了元法僧的投降，并且封陈庆之为武威将军，领兵前去接应。

梁武帝这样做并不是因为看到了陈庆之的潜质，只是因为他与自己关系亲近才如此重用。陈庆之就这样从文臣变成了将军。他还从来没有领兵打过仗，没有一点作战经验。

然而从事实来看，梁武帝确实用对了人。陈庆之作为一个领兵新手，却表现出了无所畏惧的英勇气概。他先护送豫章王萧综入镇徐州，之后又带军突破魏军重围。

因为萧综的叛变，陈庆之的全局计划被打乱，导致初战失败，只好撤回建康。尽管初战失败，可陈庆之展现出了杰出的指挥才能，因此受到梁武帝的称赞。后来，陈庆之领军多次打败了北魏的进攻，更为梁武帝所器重。

527年，陈庆之同大将军曹仲宗共同进攻北魏的涡阳（今安徽蒙城）。闻知这个消息后，北魏朝廷感到情况紧急，马上遣征南将军常山王元昭率十五万大军支援涡阳。

在随后的数月中，双方军队展开多次激战，相持不下。陈庆之部下兵将提议以守代攻，可他却觉得魏军远途而来，兵马劳累。此外，若再与魏军长时间相持下去，梁军会耗费更多物资。所以梁军应该主动出击，一举扫灭魏军。

计划已定，陈庆之就趁其不备，带军攻破了魏军的四座堡垒。之后梁军挑选了数名投降的魏兵，予以释放，并跟随到释放的魏兵之后，擂鼓呐喊，突破了魏军的心理防线，从而一举打败了魏军。

涡阳的捷报传至建康，梁武帝喜形于色，亲写诏书，称赞陈庆之"本非将种，又非豪家，觖望风云，以至于此。可深思奇略，善克令终。开朱门而待宾，扬声名于竹帛，岂非大丈夫哉！"

白袍骑兵，萧梁战神

当时，中国北方战火纷纷。胡人尔朱荣控制了北魏大权，大肆杀害皇亲国戚，致使朝臣们不断逃往梁朝。

528年，北魏的北海王元颢领兵归顺梁武帝，请梁武帝发兵助他称帝。陈庆之领命保护元颢北进，率兵前去洛阳。他们一直行进到睢阳。北魏睢阳守将丘大千率七万大军抵御梁军，陈庆之率军进攻，一日之内便迫使丘大千投降。

一〇九

少年读全景 资治通鉴故事 4

▶▶ 魏纪·晋纪·宋纪·齐纪·梁纪·陈纪　▶▶ 梁纪　▶▶ 白袍将军陈庆之

陈庆之不久就抵达了洛阳。此时北魏朝廷一片混乱，征东将军元晖业带两万兵马驻于考城，抵挡梁军。不过元晖业也无力回天。梁军很快就将考城攻下，不仅得到了北魏的数千辆战车，还将元晖业活捉。之后，梁军马不停蹄，西进至荥阳。北魏朝廷竭力防守，先是遣了七万兵马驻守荥阳，之后还不停地抽调军队予以援助。由于北魏兵力强大，梁军一时无法攻下荥阳，军心渐渐不稳。

陈庆之为了慰抚人心，向全军发表了一场演说。他鼓励大家打起精神，对付敌军。因为现在梁军身处绝境，没有后退的余地，只有奋勇向前才能有出路；而且国家养兵千日，等的就是今日大家能拼死效力。陈庆之的激昂之语使梁军士气大涨。兵士们拼命向前，舍身杀敌，致使北魏军大败而归。

之后，陈庆之从军中选出七千余名身着白袍的骑兵，将他们组成一支敢死队，与北魏的十几万援军决战。白袍兵以不是你死就是我亡的决心向魏军猛冲。魏军骑兵纷纷落马，到死都没弄清楚这些穿白袍的江南人为什么这么勇猛。陈庆之就这样用几千骑兵战胜了北魏的数万大军，他的军队一路所向披靡，可称为战神。因此整个洛阳城都在传唱："名师大将莫自牢，千兵万马避白袍。"

在陈庆之进洛阳后，元颢执掌了北魏政权。不过他不求富强，贪图享乐。不久尔朱荣反攻回来，元颢被擒拿。之后，陈庆之从洛阳撤军至建康。

539年，陈庆之辞世，时年五十五岁。一千多年后，伟人毛泽东在读《南史·陈庆之传》时，对陈庆之景仰不已，批注道："再读此传，为之神往。"

▼（北朝）骆驼水注

水注又名砚滴。图中的骆驼水注呈跪卧姿势，微昂首，炯目突起，眉颊鲜明，鼻翼隆，口微张，门齿有一小孔，为滴水注砚之孔。背上有丰腴隆起的两驼峰，前峰为贮水孔，峰尖为盖。

胡太后荒淫乱国

孝文帝去世后，北魏的变革也随之停止了。继位的宣武帝元恪昏聩无用，可他的皇后胡承华却颇有心机和野心。宣武帝去世后，胡承华成了太后。她独断专权，淫乱无度，使得朝中奸佞当道，朝纲混乱。为了掌握权力，胡承华甚至毒死了自己的亲生儿子，可她自己最终也落得个沉水身死的下场。

精明多智，母凭子贵

北魏宣武帝元恪的皇后胡氏是大司徒胡国珍之女，史书上将其名字记为胡承华。但是"承华"并不是她的真实名字，只是她进宫为妃后的封号。胡氏的姑姑为尼姑，精于佛法。宣武帝在位初年，胡氏的姑姑进入宫廷讲授佛理。她趁机在宫中宣扬胡氏的容貌德行。宣武帝听闻此事，就召胡氏进宫为妃。

为了防备后宫之人以及外戚干预朝政，北魏朝廷立下了"赐死太子生母"这一规定，这使得皇后和各位妃子都不想为皇上生太子。为了能够受到宠幸，夺得权势，胡氏竟然愿意为皇上生下了儿子，为太子生母。此后，宣武帝就更加宠爱她了。

后来，宣武帝立胡氏之子元诩为太子。依照北魏的旧例，应该处死其生母胡氏。可宣武帝太迷恋胡氏了，加上大臣刘腾等人暗地帮助胡氏，最终胡氏不仅没有被杀，还晋封为贵嫔。可宣武帝不曾想到的是，自己此时的重情重义之举，却为此后胡氏篡权埋下了种子。不久，宣武帝驾崩，元诩登基为帝，即孝明帝。不久后，胡氏逼迫皇太后高氏出家，自己当上了皇太后。那年孝明帝才五岁，于是皇太后胡承华就开始临朝听政，自此执掌了北魏的朝政。刚开始的时候，她每天批阅奏章，决断重大议题，并严格考核官吏，整饬纲纪。

可是胡太后有喜好奢侈、贪图安逸的一面。她在独揽大权不久后，就渐渐放纵起来。

放纵无忌，奢靡享乐

胡太后受姑姑影响，非常尊崇佛教，于是在掌权后，她就命人大修佛寺，而且将寺庙都装饰

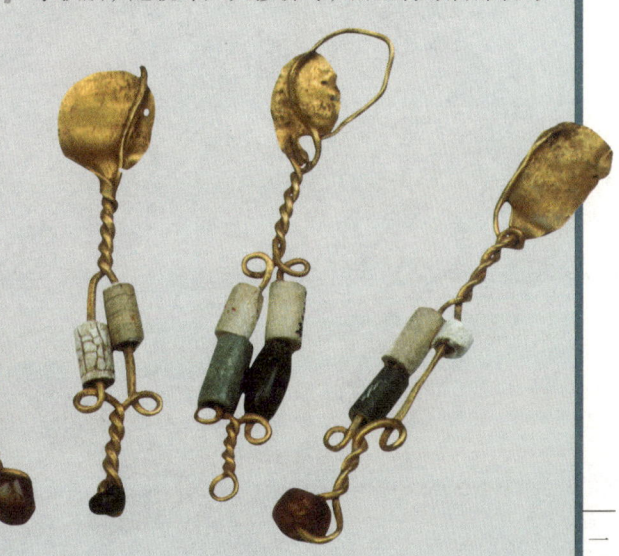

▶ 金丝纽环穿珠耳饰

长6.8厘米~8厘米，辽宁西丰西岔沟匈奴墓地出土。这是一种极富民族特色的金质耳饰品。此种金耳饰的佩戴者多为男性，且只佩一枚。

得富丽堂皇。据记载，她曾下旨修建的永宁寺寺内有座纯金的佛像，佛像高一丈八尺，还有十座和真人差不多高的金像。另外，寺中还有两座巨大的玉石佛像。

永宁寺的主佛殿和皇城的太极殿一样壮观；南门也如同皇宫的正门一样气派；院中有将近一千间僧房，房内都装饰着金银珠宝和织锦，令人叹为观止。史书上曾这样评价："自佛法入中国，塔庙之盛，未之有也。"

胡太后还十分喜欢游览名山大川，常常会因为玩尽兴了而赏赐下属。一次，她竟然带着将近一百个随从去山上观赏景致。有时，为了能尽兴，胡太后还命人打开国库，看哪名下属比较顺眼，就让他任意挑选国库中的东西。

▼（北燕）方形镂四凤饰物
高7.8厘米，辽宁北票前燕墓出土。

胡太后的奢侈浪费，导致朝廷内外奢侈之风盛行。贵族大臣们都挥霍无度，互相攀比。此后全国上下比富之风日盛，堪比西晋。

此时，十一岁的孝明帝不想再受母亲的掌控了。他尽管年幼却很有胆识，竟在姨夫元叉和大太监刘腾的唆使下，借机软禁了胡太后，接着传旨说太后身体不适，不能再处理朝政，一切事务都由自己决断。

之后，元叉又借机执掌了军政大权，并控制着年幼无知的元诩。

变本加厉，毒杀亲子

元叉执掌了三四年朝政后，就渐渐不再对胡太后严加防备了，认为自己已经独揽了大权。可这时胡太后和之前的旧宠联手策动政变，又一次顺利地夺得了大权。再次执掌大权的胡太后依旧挥霍无度。她宠信奸佞，不理朝政，致使朝纲废弛。孝明帝成年后，胡太后当担心儿子执掌朝政后会对自己不利，就经常封锁消息，干预皇帝的行动，使他无法参与朝廷内外事务。

孝明帝和散骑常侍谷士恢私交甚深，常常在一起长谈国事。因此胡太后就想让谷士恢去当外州的刺史。可谷士恢不愿去，太后就命人诬陷他谋反，并处死了他。孝明帝很清楚母后这样做的原因，对其干预朝政的行为愈加不满。母子间的矛盾越来越深。

之后，孝明帝暗地里和大将尔朱荣联系，想迫使母后还政于己。胡太后察觉此事后竟狠心地将亲生儿子毒死了。那时孝明帝才十九岁。之后，胡太后改立临洮王的三岁儿子元钊为帝。胡太后选择他，就是因为他年幼，这样自己才好执

少年读全景
资治通鉴故事 4

▶▶ 魏纪·晋纪·宋纪·齐纪·梁纪·陈纪　　▶▶ 梁纪　　▶▶ 胡太后荒淫乱国

▲（北朝）龟背纹蓝白印花布
1959年新疆于田屋于来克古城遗址出土。采用蜡染工业，以手绘方式上蜡。

掌大权。此后，胡太后一直过着淫乱无度的生活，她喜欢上了长相俊朗、风度翩翩的大臣杨华，就逼迫他顺从自己。杨华很不情愿，就率领属下逃往南梁。胡太后一直惦念着杨华，还为他写了一首名为《杨白华》的诗："阳春二三月，杨柳齐作花。春风一夜入闺闼，杨花飘荡落南家。含情出户脚无力，拾得杨花泪沾臆。秋去春还双燕子，愿衔杨花入窠里。"

骄淫残虐，乱国殒命

胡太后当权后期，北魏奸佞当道、朝纲混乱，使得各地暴乱不断。继西北边镇发生叛乱后，南方的少数民族也不停地兴兵攻打北魏；驻守安州三地的将士想起兵造反；齐州、东清河郡、东郡、广川、陈郡等地的守军也整装待发，北魏可谓危机四伏。此时，朝中又传出了胡太后毒死亲子、改立新帝的消息，更使得朝野震动，百姓愤懑不平。很早就想反叛北魏的大将尔朱荣立即借机发兵，直接进攻洛阳。胡太后知道大势已去，就带着众多嫔妃、宫女出家为尼。

很快，尔朱荣率军攻进了洛阳，并下令将胡太后和三岁的新帝关在竹笼里，沉入了黄河；之后他又残暴地杀死了两千多名接待他的朝中大臣，这就是历史上著名的"河阴之变"。胡太后骄横奢靡，心狠手辣，致使国内矛盾重重，最终将北魏推向了灭亡之路。

尔朱荣瓦解北魏

大将军尔朱荣杀死了胡太后和新帝后，北魏已是日薄西山。尔朱荣立元子攸为帝，即孝庄帝，他仗着自己功勋卓著而渐渐执掌了朝政。可他居功自傲，作威作福，专横跋扈，致使孝庄帝最终设埋伏杀了他，但这依旧挽救不了处于风雨飘摇之中的北魏。

金戈铁马起秀容

北魏初年，陕西境内有两个秀容城，其中的北秀容有个叫尔朱川的地方，那里水草丰美，很适合放牧，有一支羯族部落居住于此，酋长划区而治，并将自家的姓氏定为尔朱。尔朱荣就出生在这里。当初鲜卑拓跋氏建国时，尔朱荣的祖父尔朱代勤就跟着拓跋氏南征北战，并立下赫赫战功。此后他当上了肆州刺史，还被封为梁郡公。在他的带领下，尔朱氏家族开始兴盛起来，并以极快的速度壮大。

羯族是个游牧民族，尔朱荣有着家族血统里的骁勇和强悍。不过，据《北史》和《魏书》记载，尔朱荣"洁白、美容貌，幼而神机明决"，可见他是个皮肤很白、长相俊朗、而且聪慧机敏的人，绝不是只会逞匹夫之勇的一介武夫。尔朱荣继承父业后，胸怀大志，重视培植作战力强的将士。此后，他带领四千骑兵北上征讨柔然，铲除了南秀容万子乞真的叛军，平定了秀容郡乞扶莫于的叛乱，金戈铁马，一往无前。尔朱荣由此得到了朝廷的赏识，从平北将军、安北将军一直做到了镇北将军，在官场上可谓平步青云。到鲜于修礼发起叛乱时，他已经都督六州军务了。

太后乱政，河阴宫变

北魏后期，全国各地起义不断，严重威胁着北魏的统治，也加剧了统治阶层的内部矛盾。胡太后执掌大权后，宠信奸臣，淫乱后宫，贪图安逸，使得北魏统治愈加动荡。孝明帝非常不满母后的行为，不想再让太后干涉朝政，于是母子间的嫌隙越来越大。孝明帝决定铲除朝廷内的乱臣贼子，并从母后手里夺回大权，可他缺乏经验和谋略，就想让外藩将领来援助自己。此时，尔朱荣镇守晋阳，兵力雄厚，他早就按捺不住蠢蠢欲动的野心了，接到孝明帝召他入京的旨意后，他内心狂喜，立即整饬人马，打算直接去洛阳。

然而，孝明帝下了密旨后，又有点后悔，不想这么逼迫母后，因此当尔朱荣率军到了上党时，他又下旨命其暂且驻守在上党，等待圣旨。正当孝明帝犹豫不决时，胡太后已闻知此事，她丝毫不顾及母子情义，竟命人将孝明帝毒死，并让三岁的元钊登基为帝。

尔朱荣得知孝明帝暴亡，就立即和亲信大将元天穆商讨发兵一事，并声称要

◀ （南北朝）塔寺罐

少年读全景
资治通鉴故事 4

魏纪·晋纪·宋纪·齐纪·梁纪·陈纪　　梁纪　　尔朱荣瓦解北魏

▶（南朝）青瓷莲花罐
直口，圆腹，平底，肩部饰六个桥形系，两两一组，系下有弦纹两周，腹部堆塑双层下垂瓣纹饰，瓣尖微翘。通体施青釉，釉色绿中闪黄，有细小开片。此罐具有佛教器物的装饰特点。

"匡扶朝廷"，除掉奸臣，替孝明帝报仇，事实上这只是在给自己找一个发兵的借口而已。

为了师出有名，他还和元天穆商议要改立皇帝。不久，尔朱荣率军向洛阳逼近。经过沁阳时，他和众人商议后，拥立长乐王元子攸登基为帝，是为北魏孝庄帝。新帝将尔朱荣封为侍中、大将军、尚书令、领军将军等，并封其为太原王。尔朱荣借着新帝的威名，摆出了一副要一统天下的架势。

尔朱荣顺利地到了洛阳城外，守城将士根本就不想作战，就四散逃命去了。大势已去的胡太后将后宫的所有嫔妃集合了起来，让她们和自己一起出家。

翌日，洛阳城门外站满了前来迎接新帝元子攸的朝臣贵族。尔朱荣以"祭天"之名，痛骂了这些人一番，不仅命人在河阴（今河南孟津东）将胡太后和三岁的元

◀（北魏）青铜釜
腹部饰两道弦纹，腹下渐收呈圈足形，倒置喇叭状底。这种带双耳的炊具便于携带，显然是为了适应游牧生活的需要。

钊放进竹笼沉入黄河，还斩杀了两千多名朝臣贵族，历史上把这次骇人听闻的大屠杀称为"河阴之变"。

消除祸患，权势渐大

尔朱荣牢固地执掌了北魏的大权，"一人得道，鸡犬升天"，他的十多个弟兄子侄相继被加官晋爵，尔朱家族一时间权倾朝野。

当然，尔朱荣也替北魏朝廷平定了很多祸患，他率领将士征讨北方葛荣的叛军，在浴血奋战后，终于除掉了这支势力强大的起义军。

阻止了梁朝的入侵是尔朱荣对北魏朝廷的最大贡献。河阴之变后，北魏宗室汝南王元悦、北海王元颢等都逃到南方投奔梁朝去了。正当尔朱荣激战起义军的时候，梁武帝让良将陈庆之护卫北海王元颢返回中原。此次战争持续了近一年的时间。在此期间，陈庆之率军战胜了北魏的几十万兵

一二五

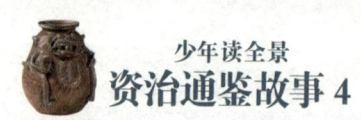

马，迫使孝庄帝舍弃洛阳仓皇逃命。随后元颢在洛阳称帝，并将年号改为建武。

这时，尔朱荣顾不得征战的疲劳，数次大战梁军，但是节节败退。尔朱荣冥思苦想了一番后，决定先下手为强，于是就率军强行到黄河北岸，以此来威胁梁军，并最终取胜。陈庆之带兵返回梁都。失去了支持者，元颢只得出逃，最后死在了临颍县衙役的手里。尔朱荣又一次复兴了北魏，立下了大功，因而被升为天柱大将军，权势越来越大。

专横跋扈，堪比董卓

平定叛变后，尔朱荣再次将孝庄帝扶上皇位。他专横跋扈，欺压民众，干扰朝政，致使北魏的统治越来越腐败。在他的逼迫下，孝庄帝娶了他的女儿，并封其为皇后，此后尔朱荣更是仗着皇上岳父的身份，常常呵斥孝庄帝，言行极为不敬。尔朱皇后对孝庄帝也非常傲慢，完全无视他的尊严。尽管孝庄帝表面上很纤弱，可事实上却很有骨气，这对尔朱父女的嚣张他也不想再容忍了，于是就想尽办法铲除尔朱荣。

530年，尔朱皇后即将临盆。孝庄帝命人去面见尔朱荣，谎称尔朱皇后生下了皇子，命尔朱荣迅速进宫。尔朱荣不知有诈，毫无防备地去了，但这一次尔朱荣进宫没多久就离开了，致使孝庄帝的计划失败。后来，孝庄帝再次召见尔朱荣、元天穆入朝，尔朱荣等人刚坐下，就有伏兵抽刀逼近。尔朱荣逃向孝庄帝身边，孝庄帝抽出刀亲手杀死了尔朱荣，其他人也被乱刀砍死。尔朱荣去世后，他的侄子尔朱兆自并州发兵攻打洛阳，杀死了孝庄帝及其心腹重臣，改立元恭为帝，即节闵帝。

此后，各地群雄纷争不断，天下大乱，北魏政权已经日薄西山。

◀（北魏）彩绘舞女俑
俑身斜立，面貌丰盈姣好，身材纤长，绾发髻，着广袖紧身舞衣，领开至胸，腰束带，长裙曳地，露云头鞋；右手上举，左手前伸，双袖飞扬掩仰，低舞曼转，婀娜多姿。

少年读全景
资治通鉴故事 4

魏纪·晋纪·宋纪·齐纪·梁纪·陈纪 ▶▶ 梁纪 ▶▶ 两家分魏始末

梁纪
两家分魏始末

尔朱荣被孝庄帝杀死后，他的侄子尔朱兆又杀死了孝庄帝。大将高欢曾是尔朱荣的部下，他势力壮大后，除掉了尔朱氏集团，毒死节闵帝，立孝武帝，执掌了朝政。后来，孝武帝以为高欢要图谋不轨，便带兵入关中投奔大将宇文泰，高欢于是又立元善见为帝，是为孝静帝，并将都城迁到了邺城，是为东魏，与以宇文泰为首的长安西魏政权形成了对抗之势。

时局混乱，祸起萧墙

孝庄帝杀了尔朱荣后，尔朱兆和尔朱世隆二人发兵攻进了洛阳，将孝庄帝缢杀，致使北魏上下混乱不堪。那时，葛荣残部的二十万起义军再次来袭，攻进了北魏的并州、肆州地区，相继发动了二十六次战争。当时，尔朱兆执掌着兵权，他领兵前去平定叛乱，杀死了几万名起义军，可义无反顾的起义军前赴后继，越战越勇，令尔朱兆手足无措。他只会逞匹夫之勇，僵持不下的局面让他十分气愤，可却想不出对策。

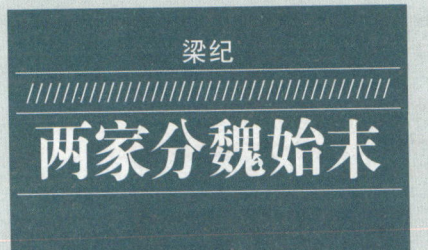

此时，他想到了叔父尔朱荣曾有个大将叫高欢，他对高欢印象很好，觉得这人忠实可靠，有勇有谋，于是就命他主持平定叛乱，并统领六镇降兵，给了他很大的权力。殊不知，正是这个错误的决定，毁掉了整个尔朱家族。

起兵从军，受封晋州

高欢，汉族人，北魏时，家族中有人曾出任太守和右将军之职。后来，高欢的爷爷高谧因犯法，致使高家全家被流放到了偏僻的怀朔镇（今内蒙古固阳南）。高欢自幼就在边疆和鲜卑族人过着杂居的生活，成年后，他又与鲜卑族女子成婚，因此言行举止已经完全鲜卑化。

高欢年幼时，家中非常穷困，他自幼就知晓世间的人情冷暖，因此非常痛恨那些为官之人，并发誓要有一番作为。史书上评价高欢"深沉有大度，

▼（北魏）三熊足大铜盘
内蒙古乌兰察布商都北魏墓出土，高8厘米，直径46.7厘米。盘外缘饰三圈卷云。熊形足上原镶有圆形或桃形宝石，现已脱落。

二七

少年读全景
资治通鉴故事 4

▶▶ 魏纪·晋纪·宋纪·齐纪·梁纪·陈纪　　▶▶ 梁纪　　▶▶ 两家分魏始末

◀（北魏）阿弥陀佛像
通高10.5厘米，铜质，首都博物馆藏。佛像坐姿，身穿圆领通肩大衣，胸前有U字形衣纹。座由覆钵形与四足方座组成。

轻财重士"，这与他不一般的生活经历有着很大的关系。早年，高欢就加入了葛荣的起义军。后来，葛荣起义失败，高欢就投靠了尔朱荣。高欢精于射箭和骑马，为人颇有城府，因而很快就得到了尔朱荣的重用，不久就做了卫队长。此后又因战功而被升为晋州刺史，有了自己的兵马。

尔朱荣被杀后，高欢又投靠了尔朱兆，可是尔朱氏家族杀人如麻，权倾朝野。高欢实在是看不下去，渐渐就有了二心，想脱离尔朱氏，自己去单干一番事业。恰在此时，起义军又一次叛乱，高欢平叛时再次立功。之后，高欢快速赶往并州，将那里的流民集中在一起，并依照部队编制安排他们，势力飞速发展。

不久，尔朱兆、尔朱世隆等人在朝中激烈争斗，洛阳城内一片混乱。高欢认为除掉尔朱氏势力的时机已经成熟，就率领大军自并州去了山东。在山东稳定下来后，高欢就打算公然和尔朱氏势力对抗。此时，高欢的属下孙腾说道："如今尔朱氏独揽朝权，我们师出无名，不如先立个皇帝，否则军心迟早会动摇。"

于是，高欢就扶立渤海太守元朗为帝，而他自己则做了大丞相和柱国大将军，掌握了大权。

高欢起兵，灭尔朱氏

531年，高欢自信都（今河北冀县）发

魏纪·晋纪·宋纪·齐纪·梁纪·陈纪　　▶ 梁纪　　▶ 两家分魏始末

兵，充满信心地公然挑战尔朱氏势力。两军对阵时，尔朱氏的兵力虽然具有绝对的优势，但高欢和属下一同商议应对之策时，大将段韶胸有成竹地说道："尽管他们比我们人多，可那也不表示天下人都拥护他们。尔朱兆这些人杀死了皇帝，还屠杀朝臣，残害百姓，人民能不憎恨他们吗？主公您征讨他们是顺乎民意，必定会势如破竹，他们根本抵挡不住。"

经过一段时间的休养后，高欢就率领两千骑军和三万余步兵，在临近邺城的韩陵山摆开了阵势。他向兵卒宣称此战将会孤注一掷，不留退路，要想活命就要奋战到底。众将士在他的鼓励下，意气风发，都决心决一死战。

没多久，尔朱兆率领将士赶了过来，他远远地看见高欢，就怒喝道："你竟然背叛我，我做了什么对不起你的事吗？"

高欢义正词严地说道："你们尔朱氏家族不仅害死了皇帝，还肆意横行，致使国家动荡，简直是罪大恶极，不可饶恕，我不过是顺应民心替百姓除掉你罢了。"

一听这话，尔朱兆怒吼了一声，立即率领兵马冲杀过来。起初，尔朱兆由于极端愤怒，左冲右突奋力厮杀，占据了优势，可是没过多久，高欢的数名手下就自侧面率军冲杀过来，致使尔朱兆军大乱。

尔朱兆平日里很少管教将士，军队纪律也不严明，此刻将士们乱作一团，七零八落。高欢仅用三万兵马，就很快战胜了尔朱兆的二十万大军。

此后，被逼无奈的尔朱兆被逼自缢，尔朱世隆也被斩首，高欢顺利铲除了尔朱氏势力。

政权分裂，两魏并存

高欢执掌朝政后，就让平阳王元修登基为帝，即孝武帝。之后，孝武帝担心高欢的权势太大，就想举兵消灭他，却被高欢所洞悉。

534年，孝武帝逃离洛阳，投奔了关中的鲜卑贵族宇文泰，并留在了长安，封宇文泰为大将军，总揽朝政。高欢数次请求孝武帝回洛阳不成，最后只得在洛阳又扶立了新帝元善见，是为孝静帝，并将都城迁到东边的邺城，建立东魏。宇文泰杀死了逃亡关中没多久的孝武帝，改立元宝炬为帝，即文帝，西魏政权也就此形成。自此，北魏就陷入了分裂的局势。

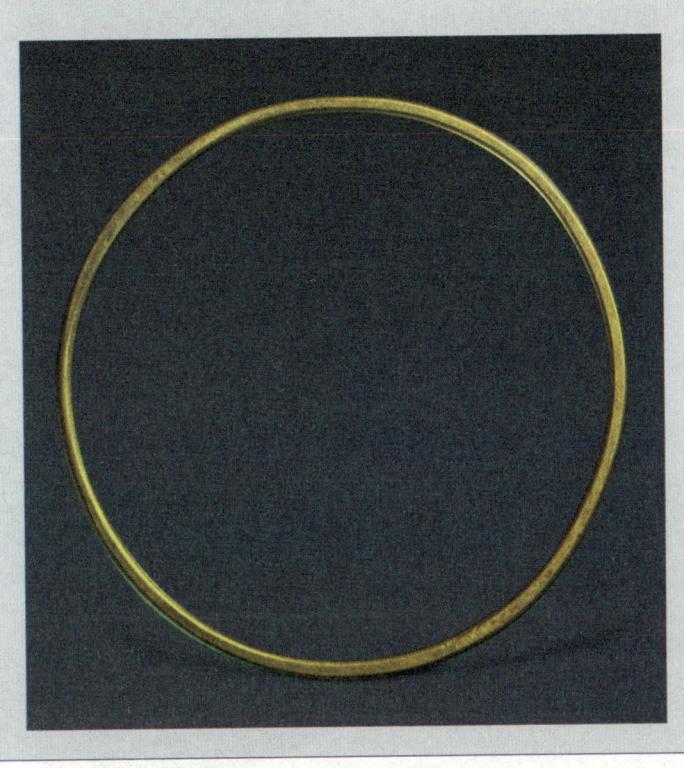

▶（北朝）金镯
北京顺义临河村北朝墓出土，首都博物馆藏。直径6.6厘米，重14.9克，环形，纤细，光素无纹，样式简单大方。

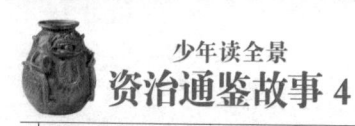

梁纪 北周代西魏

北魏分裂为东魏、西魏后，宇文泰成为西魏的实际掌权者。他毒死了孝武帝，改立南阳王元宝炬为帝，即西魏文帝。宇文泰死后，其侄宇文护迫使西魏恭帝退位，并拥立宇文泰第三子宇文觉为帝，即孝闵帝。国号改为周，史称北周。

出身草莽的宇文泰

宇文泰，代郡武川（今内蒙古武川）人，出生于一个下级武将家中。据史书所载，他"少有大度，不事家人生业，轻财好施"。北魏后期，六镇起义爆发时，宇文泰先后跟随鲜于修礼和葛荣。葛荣起义军被铲除后，他又去了晋阳，成了尔朱荣的手下，之后因战功赫赫而做了关西大行台贺拔岳的左丞，并成了贺拔岳的亲信。

532年，高欢改立元修为帝，即孝武帝，自己则成了北魏宰相。可他骄纵妄为，高傲自大，使得孝武帝对他很不悦。为了对抗高欢，孝武帝想依靠贺拔岳，希望他发兵抗击高欢。可高欢买通了贺拔岳的属下秦州刺史侯莫陈悦，让侯莫陈悦骗贺拔岳进入大营并杀了他。

贺拔岳被杀后，其属下推举宇文泰为将领，立誓要为贺拔岳复仇。宇文泰率兵前往陇征伐侯莫陈悦。侯莫陈悦毫无防备，慌忙迎战，相继丢掉略阳和上邽城。侯莫陈悦知道自己已无力回天，只得逃进荒山，自杀而亡。此后，宇文泰占领关中，渐渐地稳固了自己的势力。

独领西魏，励精图治

孝武帝一向和高欢有嫌隙，贺拔岳死后，他见占领关中的宇文泰势力很强大，并经常自表忠心，就想投奔宇文泰。

534年，由于和高欢矛盾日深，孝武帝逃离了洛阳，迁都长安，投靠了宇文泰，并封其为大将军、雍州刺史兼尚书令。从此，北魏分裂为东、西两魏。宇文泰占领长安，支持孝武帝；高欢镇守邺城，扶立孝静帝元善见。然而，孝武帝因受制于人，心中不悦，与宇文泰渐生嫌隙。最终，宇文泰命人毒死了孝武帝，改立南阳王元宝炬为帝，即西魏文帝。

宇文泰个性沉稳，心胸开阔，并且竭尽全力地处理朝政，尽职尽责。他很清楚自己现在占领的关中

▶（北朝）青釉仰覆莲花尊
河北景县封氏墓出土。采用画花、贴花、刻花等技法，自上而下制出团花、团龙、神兽、莲瓣等华美纹饰。通体施青灰色釉，灰中泛绿，晶莹光润。

少年读全景
资治通鉴故事 4

魏纪・晋纪・宋纪・齐纪・梁纪・陈纪　　梁纪　　北周代西魏

▲（北朝）《猎兽图》砖画
此砖画线条粗放古朴。画工删略了与主题无关的情节，突出表现最主要、最生动的一瞬间，从而使画面充满了情趣。

地区土地贫瘠，人口稀少，经济不发达，因此必须采取一些措施，尽力拉拢关陇的强权势力来帮助自己，使西魏有能力抵抗东魏，从此稳固政权。

良臣苏绰忠于国事，并写出"六条诏书"，建议宇文泰参考此六条建议改善国家现状，内容为：第一，先治心，即执政者多做善事，注重品行；第二，敦教化，即执政者对待百姓要仁慈、包容，宣扬道德文化教育；第三，尽地利，即执政者要大力促进农业生产，坚决整治好逸恶劳之风；第四，择贤良，即执政者选拔官吏时不要以出身门第为依据，而要看其才华和品行；第五，恤狱讼，即官员审判案件时要公正；第六，均徭役，即执政者要关注民生，减轻农民的负担。按照这些建议，宇文泰开始竭力整饬吏治，改良选官之制，把辅政大臣分成六官，在西魏实行六官制。宇文泰执政期间勤政爱民，很有作为，开创了西魏府兵制。在宇文泰和苏绰大刀阔斧的改革下，西魏日益强盛。在这期间，由于东、西二魏并存，宇文泰和高欢展开了五次较大的激战。虽然东魏在实力上占据着绝对优势，并有高欢这位久经沙场的骁将的指挥，但是东魏这五次激战中大多以失败告终。东魏不仅没从西魏得到好处，还极大地损耗了国

◀骑马俑
陶质彩绘，俑头戴笼冠，身着长袍，雕塑工艺及造像能力较此前有很大提高。

少年读全景
资治通鉴故事 4

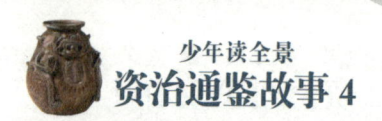

魏纪·晋纪·宋纪·齐纪·梁纪·陈纪　　▶ 梁纪　　▶▶ 北周代西魏

▲（西魏）诸天（壁画）
位于敦煌莫高窟第二百八十五窟。诸天，即住在天上的众多天神，在莫高窟中诸天像一般绘于佛龛两侧，从此突出其护法神的地位。

力。556年，宇文泰离世。那时宇文泰的几个儿子还很小，因此他的侄子宇文护执掌了大权。

机关算尽，反丢性命

宇文泰死后，宇文护就迫使西魏恭帝退位，拥立宇文泰之子宇文觉为帝。自此，北周政权正式形成。宇文护自己则当了大司马，成了晋国公。

宇文护生性虚伪。他常自比周公，宣称不想做皇帝，但实则贪图名利、独揽朝政、意图不轨。

宇文护生性多疑，因此在皇帝身旁安插了许多他的眼线，监视着皇帝的一切言行。由于宇文护的野心日渐膨胀，宇文觉也渐渐开始防备他，认为他这样专横，迟早会篡权夺位，因此就想找时机铲除宇文护。

心狠手辣的宇文护，察觉到宇文觉对自己已经有所戒备，而且私下里还有许多铲除自己的筹划。因此宇文护就立即废掉了宇文觉，改立宇文泰的另一个儿子宇文毓为帝，即北周明帝。可是，宇文毓很聪慧，不甘心受制于人。宇文护害怕自己因此控制不了周明帝，就毒死了他。有了这两次经验，宇文护再扶立皇帝时，就挑选比较愚笨的人。仔细地斟酌一番后，他又看中了宇文泰的四儿子宇文邕。宇文邕年纪尚轻，寡言少语，看似木讷平庸，不知世事，很符合宇文护的要求。因此宇文护就决定立他为帝。

560年春，北周举行了庄重的登基典礼，宇文邕就这样登上了帝位，即为周武帝。但这一次，宇文护又挑错了人。宇文邕并非庸碌无能之辈，之所以掩饰自己的能力，就是不想让宇文护察觉到自己的想法。表面上，宇文邕尊重和礼让宇文护，对他言听计从，可暗地里却时刻想着为哥哥们复仇。

572年，隐忍许久的宇文邕终于等到了好时机，亲手杀死了宇文护。此后，宇文邕就彻底掌握了朝政，并励精图治，以期兴复北周。

少年读全景资治通鉴故事 4

——— 魏纪·晋纪·宋纪·齐纪·梁纪·陈纪 ———

陈 纪

公元557年~公元589年

高洋灭东魏建北齐

陈纪

北魏分裂为东魏、西魏后,高欢成为东魏的实际掌权者,但他并没有自立为帝,因为他害怕被人诟病,可他的儿子就没这般小心谨慎了。高欢死后,他的长子高澄已经准备好要登基为帝了,可不幸被仇人杀死。高澄没能当上皇帝,其弟高洋则顺水推舟,在他的逼迫下,孝静帝只得退位。高洋登上了皇位,建立北齐。北齐的君主大多性情暴戾,无所作为,这个王朝仅存在了二十多年就灭亡了。

大智若愚,深藏不露

北齐的开国之君是高洋,其父高欢身居高位,权倾朝野,但害怕别人非议,因此一直到辞世也没有篡位称帝。

高洋一直都生活在父亲和哥哥的阴影里,他虽看起来有些迟钝,但事实上却是个很有心计的人。

高洋的长相并不出众,甚至有些丑陋,因此其他的弟兄常常会嘲弄他,特别是大哥高澄非常看不起这个长相丑陋、愚笨木讷的弟弟,还曾在众人面前嘲讽他:"长成这样都能生于富贵之家,先辈传下来的相书的阐释还真是让人费解!"

起初,高欢也不怎么待见这个相貌平平的儿子,可一次他不经意间问起高洋对目前局势的看法时,高洋的回答见解独特,阐释精辟,高欢这才发现这个儿子很有才能,从此就对他另眼相看。

一次,高欢分给每个儿子一路兵马,命他们各自行动,之后又命属下彭乐领着骑军假意要攻打他们。高澄和几个弟兄认为彭乐兴兵谋反,都胆战心惊,不知所措。

可高洋却镇定自若,他自告奋勇地站了出来,与彭乐展开了激战,最后彭乐实在是招架不住,就说这都是高欢的布局。高洋捉住了彭乐,把他押到了高欢跟前,高欢甚是高兴,称赞高洋不是普通人。

承父之志,建立北齐

高欢去世后,高澄接替了他的位置,做了大将军。此时,孝静帝有名无实,高澄很早就想自己称帝了,可是还没来得及准备,就被战俘奴隶梁人兰京刺死了。此后高洋果敢地镇压了叛军,继承了哥哥的职位,孝静帝还封其为丞相、齐王。550年,在高洋的逼迫下,东魏孝静帝将皇位让给了高洋。高洋改国号为齐,史称北齐。

高洋执政初期勤政爱民,因此

◀ (北齐)观音菩萨像
通高8.3厘米,铜镀金,首都博物馆藏。头戴三叶花冠,身着圆领通肩袈裟,不饰衣纹。面庞圆润,刻画简略。身体呈三折枝式,体现出一种女性特有的柔美。

魏纪·晋纪·宋纪·齐纪·梁纪·陈纪　　陈纪　　高洋灭东魏建北齐

没多久北齐就兴盛了起来。他善于领兵作战,当西魏宇文泰领兵侵犯东魏时,他亲自领兵抵抗敌军。宇文泰见北齐军容整齐,就命令将士撤军。此后,高洋还攻打了柔然、契丹、高丽等国,都大胜而归。那时,北齐在农业、盐铁业、瓷器制造业上都处于领先水平,国家富足。如果高洋能一直励精图治,或许他会成为中国历史上为数不多的年轻有为的贤明君主之一。可是,他后来骄横跋扈,肆意妄为,因此不仅没有名垂青史,还一直被后人诟病。

酒后无德,杀戮无数

北齐越来越繁荣之后,之前那个清明的国君却消失了,高洋觉得自己已经坐稳了皇位,志得意满,脾气也渐渐变得暴躁乖戾。他整日到处游玩,还常常涂脂抹粉,披头散发,身着奇装异服,带着弓箭和大刀在闹市上游逛。他甚至不顾严寒酷暑,一丝不挂地四处闲逛,使得随从们也都不敢穿着衣服出去,叫苦不迭。

高洋还觉得皇宫又窄又旧,就调派三十万工匠修筑了几座新宫。这些宫殿有二十七丈高,殿与殿之间有二百余尺的距离。工匠们施工时担心自己一不留神摔下去,就将绳子系在腰间以防不测。可高洋却不怕,他不仅在屋顶上疾行,还能摆出各种姿势,随心所欲,手舞足蹈,丝毫不顾忌自己皇帝的身份。

高洋喜怒无常,不仅整日酗酒,还常常为了取乐而滥杀无辜,经常变着花样摧残和杀害身旁

▼《北齐校书图》(局部)
此图描绘了北齐天保七年(556)文宣帝高洋命樊逊等人刊校五经、诸史的场面。

少年读全景
资治通鉴故事 4

魏纪·晋纪·宋纪·齐纪·梁纪·陈纪 ▶▶ 陈纪 ▶▶ 高洋灭东魏建北齐

的人。有时他在金銮殿上摆放大镬、长锯、锉、碓等工具，只要看谁稍不顺眼，便以刀剑相逼，除之而后快。大臣卢斐、李庶和韩哲等也没能幸免，都惨死在他手上。

在高洋眼里，辅佐朝政的丞相杨愔不过是个奴隶，他只要一时兴起就令人鞭打杨愔，且每一鞭都要见血，直至浸透盈袍。可就算这样高洋仍不满足，还打算拿刀将杨愔的肚子剖开，幸亏崔季舒在旁边说笑话逗乐转移其注意力，杨愔才逃过了一劫。

尚书右仆射崔暹过世后，高洋去崔家参加丧礼，见了崔暹的妻子李氏时，就又起了恶毒的念头。他问李氏是否想念过世的夫君，李氏答道："没有一天不想念。"高洋恶狠狠地说道："既然你这么想念他，那就随他而去吧。"话音刚落，李氏的头颅已被高洋拿刀砍下，随手扔到墙外去了。为了能活命，大臣们只得把一些死囚放在宫中，以便在关键时刻替代那些被高洋摧残的大臣和妃子，但高洋杀人如麻，死囚也不够他杀，所以朝臣们只能让那些待审的囚犯进宫顶替。他们每天都提心吊胆，生怕不明不白地丢了性命。

◀（北朝）金龙
古代匈奴族和鲜卑族都尊龙为神，将其视为最高权力的象征，这点和中原文化不谋而合。这条金龙是用金丝编缀而成的，环环相套，盘曲自如，上面还有七件吊牌装饰，为王族所用之物。

殴母不孝，好酒早亡

高洋嗜酒如命，经常没日没夜地喝酒。酒醉之后六亲不认，无恶不作，荒唐至极。一次，他醉醺醺地跑到太后的寝宫里惹事，还打了太后。清醒后，他去向太后赔罪，并跪在地上发誓不再喝酒，可几天后，他又开始酗酒了。

还有一次，他突然心血来潮，跑去岳母家找乐子。丈母娘崔氏在门口恭迎他，可高洋却无端地冲她的脸上射箭，致使崔氏满脸鲜血。崔氏非常吃惊，就问他为什么要这么做，他开口怒喝："我喝醉了时，连太后都敢打，你这老不死的竟然问我原因？"

559年，高洋患上了重病，如硬物在喉，食不下咽，没多久就命赴黄泉，终结了癫狂、暴戾的一生。

◀（南朝）透空龙纹白玉鲜卑头
根据上面的铭文，可以确定此物为南朝宋文帝刘义隆的御用品。

魏纪·晋纪·宋纪·齐纪·梁纪·陈纪　　陈纪　　周武帝改革

陈纪
周武帝改革

周武帝宇文邕是一个深藏不露、足智多谋的明君，他即位后，相继采取了一系列改革措施，规定三教以儒为先，道次之，佛最后；同时，他倡导节俭，广施仁政，治军纪律严明，善待下属。周武帝的一番精心治理，使得北周的国力大大提升，为日后消灭北齐打下了基础。

倡导节俭，事必躬亲

周武帝是北周十分有作为的一位君主，他为人贤明，事必躬亲，脚踏实地地治理国家。他平常穿的都是麻布粗衣，盖的也是麻布被子；他从不戴金银首饰，也禁止修建宫殿，甚至不允许将宫殿内装饰得太过奢华；他还禁止官吏私占民财，并且坚持亲自操练和检阅部队。

之前，鲜卑族人常常会让战俘和掳来的百姓做苦力，致使这些百姓的后人也跟着受苦。可周武帝很不喜欢这个不成文的规定，他认为这是在欺压、剥削民众。

北周占领梁朝的江陵后，当地数万百姓被迫做了奴隶。周武帝得知此事后，命令道："所有江陵百姓，凡是做了奴隶的，都一律释放，让他们回去好好务农。"

锐意改革，温和废佛

宇文邕尊崇儒学。他非常清楚，一个国家要想繁盛起来，就不能让佛教信仰影响

◀周武帝像
周武帝（543~578），名宇文邕，小字祢罗突，西魏丞相宇文泰第四子，生于同州武乡（今陕西大荔），在位18年，是南北朝时期杰出的军事家、政治家。

少年读全景
资治通鉴故事 4

▶▶ 魏纪·晋纪·宋纪·齐纪·梁纪·陈纪　　▶▶ 陈纪　　▶▶ 周武帝改革

朝政。当时，北周国内佛教兴盛，有一万多座寺院、数百万僧人。这些寺院所占土地是不需缴纳赋税的，僧人们还享有免除劳役、兵役的特权。周武帝意识到了此事的严重性，他觉得必须实施改革了。

事实上，此前周武帝就曾召集群臣和僧人、道士们商讨此事，名义上是为了讨论三教的优劣，真正目的却是要降低佛教的地位，推行改革措施。可是那时，执掌大权的宇文护笃信佛教，由于他的极力反对，此事也就不了了之了。

宇文护去世后，周武帝终于可以推行改革了。574年，周武帝下旨将全国寺院的房屋、土地没收，寺中财物统统收缴国库，当作军费；僧人都要还俗，从事农耕，年轻的僧人还要服兵役和杂役。

如此一来，还俗的僧人扩充了杂役和兵役的数量，农民的负担减轻了不少，军队也不缺兵卒了。此后，北周渐渐地繁盛了起来，之前强过北周的北齐也渐渐地被甩在了后面。

周武帝对部队严明军纪，对士卒一视同仁。575年，他亲率兵马去征讨北齐，作战时，北周的大军依次排开，队伍长达二十里，可周武帝依旧骑着马巡检到最后，他甚至能记住每

▶ 波斯鎏金银壶
周武帝天和年间经丝绸之路传入中国的波斯银器。水瓶口似鸭嘴，手柄铸有戴帽的男子头像。水瓶颈腹部和底部饰有连珠纹，腹部饰有三组男女人像，形态各异。

少年读全景
资治通鉴故事 4

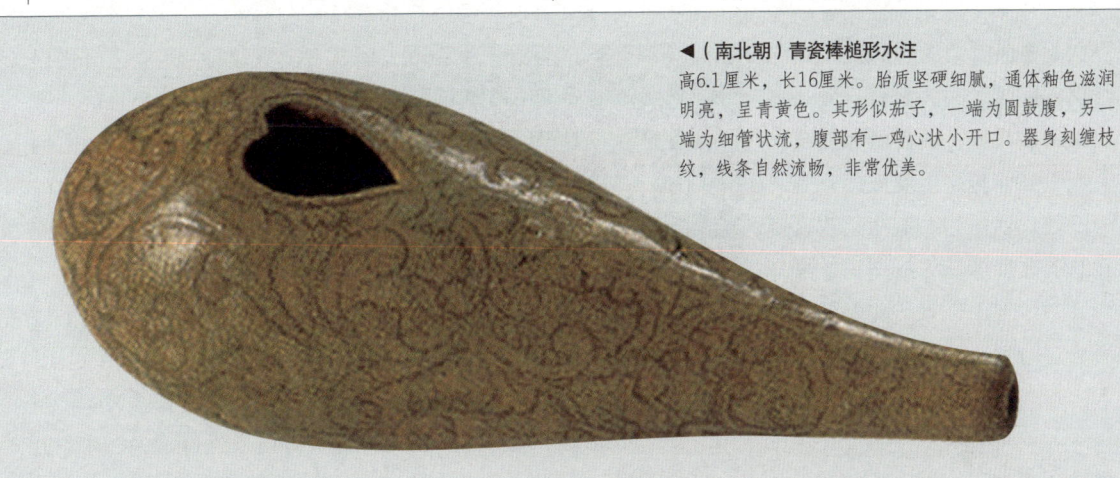

▶▶ 魏纪·晋纪·宋纪·齐纪·梁纪·陈纪　　▶▶ 陈纪　　▶▶ 周武帝改革

◀（南北朝）青瓷棒槌形水注
高6.1厘米，长16厘米。胎质坚硬细腻，通体釉色滋润明亮，呈青黄色。其形似茄子，一端为圆鼓腹，另一端为细管状流，腹部有一鸡心状小开口。器身刻缠枝纹，线条自然流畅，非常优美。

一个部将的姓名。

此外，周武帝还善待下属。在巡检部队时，他见到有个士兵赤着脚，就马上脱下自己的靴子，给那个士兵穿上了。有这样体恤下属的统帅，将士们又怎会不奋力杀敌呢？

577年，周武帝率兵消灭了北齐，平定了北方，并依照旧例，下旨让全部奴隶恢复平民身份，还其自由。此后，他也在原北齐国境内采取禁佛的举措，下令没收所有寺庙的房屋和土地，所有僧人都还俗。

卓有成效，意义深远

同北魏太武帝禁止佛教的意图相似，周武帝采取禁佛措施，也是为了稳固政权，增加兵源和国库的收入。

当然两者也有三个不同之处：第一，魏太武帝的禁佛活动很突然，可周武帝的禁佛活动却是经过多方考虑，几经辩论和商议后定下的举措；第二，魏太武帝杀死了僧人、毁坏了寺院和佛像，而周武帝让僧人还俗，也保存了八州寺庙，还将它们赏给了士族大家；第三，魏太武帝杀光寺院里的人，就连认真研究佛理的僧人也不放过，周武帝则让一些有才华的僧人做了官，命他们继续探究佛理。由于周武帝的举措相对温和，因此并没有爆发大范围的抵抗活动，这也为北周提升国力创造了一个安定、和睦的环境。

之后，北周国力激增，经济迅速发展，为隋朝一统天下储备了丰富的物资和雄厚的军备。

◀（北朝）黄釉印花扁壶
高20.5厘米、宽16.5厘米。形体扁圆如皮囊，敞口，短颈，扁圆腹，平底实足，两肩各一系孔，颈肩之间饰一周联珠纹，壶腹两面模印乐舞图案。

少年读全景
资治通鉴故事 4

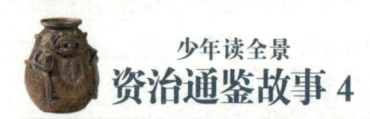

▶▶ 魏纪·晋纪·宋纪·齐纪·梁纪·陈纪　　▶▶ 陈纪　　▶▶ 北周灭北齐

陈纪
北周灭北齐

北齐最繁荣的时期就是文宣帝高洋执政之时，此后的帝王都非常昏庸残暴，致使国势日衰。齐后主高纬更是荒淫无度，整天与宠姬寻欢作乐，不理朝政。而此时的北周却是厉兵秣马，枕戈待旦。577年，北齐与北周经过短暂的对峙后，周武帝宇文邕灭北齐，统一了中国北部。

锐意进取，后来居上

北齐建立后，高洋在执政初期的确是有所建树，他亲率兵马相继战胜了库莫奚、契丹、柔然和山胡等少数民族势力，之后又南下攻打淮南，将自己的势力扩展到了长江岸边。在他的治理下，北齐进入了最鼎盛的时期。

当时，北齐在农业、盐铁业、瓷器制造业上都处于领先地位，与陈朝和北周比起来，也是最富足、强大的。可是这么繁荣的局面只是昙花一现。高洋执政末期，举止怪异，残酷暴虐，因此，由他亲手创建的北齐就慢慢衰败了。继高洋之后的几个国君在治国上都昏庸无能，而在败坏祖业上却是极尽其能。正当北齐国君贪图安逸时，北周已经慢慢地强大起来，尤其是经过周武帝的一番改革，更是焕然一新，国力不断提升，社会经济稳步向前发展。

宠信奸佞，诛杀忠良

武成帝高湛死后，齐后主高纬登基为帝。高纬依然残酷暴虐，在年幼时就做过不少坏事，更别提成年之后了。据史书记载，高纬"幼而令善，

▶（北齐）铜弥勒像
山东博兴崇德村出土。单体弥勒像，身后背光甚大。背光后面刻有"河清三年（564）乐陵县孔昭弟造弥勒像一躯"的字样。

少年读全景
资治通鉴故事 4

▶▶ 魏纪·晋纪·宋纪·齐纪·梁纪·陈纪　▶▶ 陈纪　▶▶ 北周灭北齐

及长，颇学缀文"，看来幼年时他还算是个勤奋好学的孩子。可是皇室中的人无一能够幸免于宫廷争斗厮杀，在刚登基时，他也遇到了亲弟弟高俨的挑衅。

高纬先是拿箭射杀了高俨的党羽，可还是觉得气愤，就以狩猎为名骗高俨进宫，然后就不留情面地杀了他。为了杜绝后患，高纬还杀死了高俨四个遗腹子，并谎称"生数月而幽死"。昏君和奸臣总是联系在一起的。贤臣良将奋力地保家卫国，却总是无端地被诬陷，死在奸臣手上。北齐就有这样一位良将惨遭此种下场，他就是立国良将斛律光。

高车族人斛律光生于军人世家，父亲斛律金跟着高欢出生入死，此后斛律氏家族人人效忠于高家人。斛律光做了朝中的大臣后，率军南征北战，战功赫赫，名震四方，北周的大将军韦孝宽就非常怕他。斛律光恪尽职守，帮高纬稳固了政权，并尽心辅助朝政。他刚正不阿，不追名逐利，非常鄙视朝中的奸臣穆提婆和祖珽，自然也不愿和这些人共事。

瞎子祖珽能说会道，高纬非常宠信他，于是他就骄横霸道，还挤对朝廷贤臣。斛律光很不满他这种媚上欺下的作风，曾暗地里感叹道："北齐朝中无人了吗？这么一个瞎子都能入宫得势，如此看来，

国家离灭亡也不远了。"祖珽听说后甚是气愤，就处处排挤斛律光。穆提婆的母亲是高纬的奶娘，因此穆提婆也是骄横恣肆，在朝中胡作非为。

这二人因被斛律光鄙视，非常愤懑，就到处散播谣言，还在皇帝面前诬陷斛律光。高纬本就没什么主见，一经这二人挑拨，就真的猜忌起斛律光来。

那时，斛律光家权倾朝野，且有很多忠诚的属下，不仅朝中有很多亲属党羽，连皇后也是斛律光的女儿。于是高纬认为斛律光废掉自己、篡位称帝是极有可能的事，或许现在他们就在部署呢。

这时，祖珽又再次诬陷斛律光，说他在家中私藏了大量兵器，而且和其弟斛律羡交往甚密，他们一定想谋权篡位。高纬得知此事后非常震惊，决心立即除掉这个隐患。于是，高纬和祖珽设局骗斛律光进宫，并命身旁的侍卫从背后偷袭，杀死了他，之后宣称斛律光意图谋反，已被处死。没过多久，高纬下令处斩了斛律家的人，又找借口废掉了皇后斛律氏。

中国有句古话："三世为将，必有祸殃。"斛律家的成员

◀（北齐）敷彩石佛像
发掘于山东青州南阳寺故址。石雕头部、双手和足部贴金，服饰彩绘，通体无刻线，用肢体、肌肉体现身躯质感，是北齐时期造像的特有风格。

个个都是英豪，忠心耿耿保家卫国，立下汗马功劳。没想到，最终却落得个被灭族的下场，真是千古奇冤。

斛律家族覆灭后，北齐再无良将，其灭亡的命运已经无可挽回了。

沉迷女色，断送江山

唐代著名诗人李商隐曾写过两首《北齐》诗，其中一首是："一笑相倾国便亡，何劳荆棘始堪伤。小怜玉体横陈夜，已报周师入晋阳。"诗中的"小怜"说的就是高纬所钟爱的妃子冯小怜。

高纬生活淫乱，相继立过三个皇后，最后所立的就是婢女冯小怜。小怜擅长歌舞，美若天仙，高纬偶然遇见，就被她迷得神魂颠倒。没多久小怜就做了贵妃，集万千宠爱于一身。高纬与之形影相随，甚至和朝臣商议事情时，也毫不忌讳地让小怜躺在怀中。朝臣全都不敢正眼相看，常常羞得面红耳赤，甚至讲话也是颠三倒四，忘记该奏的事情，只得悻悻而回。

高纬宠幸小怜甚至到了荒唐的地步。当时，北齐国力日益衰弱，周武帝率领大军来攻打北齐。国难当头，高纬却视同儿戏，只顾着讨小怜欢心。北周兵马强攻晋州时，他还在狩猎，收到消息后打算调遣兵马前去迎战，可小怜兴致正高，就撒娇道："我们再打一围吧。"高纬就又打了一围，等他们狩猎结束时，晋州已经被占了。后来高纬打算领军前去反攻平阳，冯小怜也要求随军观战，高纬欣然同意。军队到平阳城时，是趁势攻打城池的最佳时机，可高纬却忽然下令暂停前进，因为小怜要观看战事。

这小怜慢悠悠地在镜前涂脂抹粉，精心打扮，等她打扮好了，北齐军队已经错过了最佳战机。之后冯小怜又说大风天不适宜观战，致使北齐军一再延迟作战时间。直到北周援军赶到，双方连续数日血拼，北齐军惨败。高纬竟然说道："吃了败仗也没什么大不了的，只要小怜没事就好。"

高纬轻信奸臣之言，沉迷女色，不理朝政，最终身死国亡，真是自食其果。

◀（北齐）女官俑
女官立像，修眉上耸，双眼前视，头戴笔冠，着右衽大袖衫，长裙长裤，束腰带，足穿圆头鞋，左手轻提裙裾。

魏纪·晋纪·宋纪·齐纪·梁纪·陈纪　　陈纪　　杨坚崛起生异志

陈纪
杨坚崛起生异志

周静帝执政时期，北周的军政大权逐渐落到了外戚杨坚的手中。杨坚先是清除了朝廷中的异己势力，接着又先后镇压了尉迟迥、司马消难、王谦等人发动的声势浩大的兵变。581年，杨坚强迫周静帝禅位，自己称帝，建立了隋朝。之后，隋灭陈，中国历时二百余年的南北分裂局面宣告结束，又进入了大一统时期。

关陇士族，杨门崛起

杨坚，弘农郡华阴（今陕西华阴）人。北朝时，弘农杨氏是关陇一带著名的大族。

东汉名臣杨震的八世孙杨铉在后燕时曾任北平太守。自此，杨氏家族地位逐渐显赫，族中一直陆续有人在朝廷中当高官。杨坚的父亲杨忠就是西魏和北周的重要军事将领，协助宇文泰为日后北周的建立打下了牢固的根基，后来当了柱国大将军、大司空，被册封为随国公，显赫无比。

据史料记载，杨坚出世时"紫气充庭"，可幼年时的他并不聪慧，因为是贵族子弟，才在贵族学堂里接受教育。杨坚书读得不好，因此别人总是嘲讽他胸无点墨。杨坚自己也很清楚这一点，曾经自我解嘲道：

▶瑞兽卷叶纹镜
半球形钮，圆钮座外饰以四只奔驰中的瑞兽，四兽均为高浮雕，但造型各异。四兽间点缀以云纹及忍冬纹，兽纹外有一道凸棱，外部饰以连续的卷叶纹，镜边饰一圈锯齿纹及花瓣纹。

"不晓书语。"

但北周鲜卑贵族独孤信认为杨坚以后一定会大有作为，因此就让他娶了自己的小女儿，即后来著名的独孤皇后。杨忠过世后，杨坚继承了父亲的爵位，成了北周的大将军和随国公。凭借着独孤家显赫的权势和自家的根基，杨坚很快就有了极高的声望。

周武帝病逝后，周宣帝登基为帝，杨坚的大女儿被封为皇后。杨坚因皇亲国戚的身份，没多久就被升为柱国大将军、大司马，渐渐执掌了朝政大权。周宣帝残暴昏庸，沉迷酒色，胡作非为，在大臣中的名望和威信自然不高。杨坚野心勃勃地想要取而代之，周宣帝对此也有所察觉。可是周宣帝没有实证，难以下手，因此就没有除掉杨坚。

周宣帝执政才两年就死了。此后继位的周静帝宇文阐年仅八岁，大臣郑译、刘昉假造诏书，令杨坚辅佐朝政，总揽军政大权，没多久又封杨坚为随王。

祖福荫庇，假诏称帝

做了辅佐朝政的权臣后，杨坚首先拉拢当时的一些贤士，稳固了统治，之后就着手清除朝中异党。周宣帝之弟宇文赞是杨坚独揽朝政的最大障碍，因为他和杨坚权威、身份相当。因此杨坚就命人假意劝告宇文赞："你早晚都会成为皇帝，为何

少年读全景
资治通鉴故事 4

魏纪·晋纪·宋纪·齐纪·梁纪·陈纪 ▶ 陈纪 ▶ 杨坚崛起生异志

▲ 玉手握
和田白玉籽料质地细腻油润，造型、工艺在汉八刀的基础上，增添了阴刻线，局部沁色，包浆滋润，十分精美。

要如此尽心尽力地处理朝政，何不回家清闲几天呢？"宇文赟比较年轻，没什么心机，觉得这话有理，就不再理会政事了。

接着，杨坚先后除掉了北周皇室势力最强的五个藩王：赵王宇文招、越王宇文盛、陈王宇文纯、代王宇文达、滕王宇文逌。并且平定了尉迟迥、司马消难等人的叛乱。

581年春，杨坚命人为周静帝把禅位的诏书写好，接着又假装推托了几次，后来在大臣的"苦劝"下，终于登基为帝，建立隋朝，定都长安，年号开皇。

天下归一，开皇之治

杨坚登基初期，天下百废待举，祸乱不断，而且全国还没有统一，位于江陵一隅之地的后梁和江南的陈朝还都存在。

后梁国力弱小，素来称臣于北周，因此隋文帝毫不费力地就吞并了后梁。此后，陈朝就成为隋朝统一天下的最后一个对手。此时陈朝国内一片混乱，陈后主不思进取，庸碌无为，致使陈朝国力渐衰，根本无力抵抗隋朝的进攻。588年，隋文帝下旨历数陈后主的数条罪行，呼吁天下百姓共同征讨陈后主，以此来为自己灭陈制造声势。同年秋，隋文帝命晋王杨广率领五十万兵马，分兵八路攻陈。此时，陈后主不知国之将亡，还和权臣、妃子们载歌载舞、饮酒作乐呢。

隋军毫不费力地突破了长江天险，直抵陈朝都城外。这时，陈后主才如梦初醒，可为时已晚。至此，隋文帝消灭了苟延残喘的陈朝，结束了中国南北方二百余年的分裂局势。

平定天下后，隋文帝充分发挥自己卓越的治国才能，在政治、经济上采取了重要的改革措施，在中央设立了三师、三公和五省（内侍省、秘书省、门下省、内史省和尚书省），牢牢地掌握着军政大权。

隋文帝还规定，九品以上官吏的任免都由中央决定，这样朝廷才能更好地掌控地方，加强中央集权。他还下旨精简地方机构，裁减官员，合并郡县，取消了从前的州、郡、县三级地方官制，设立州、县二级地方官制。此外，隋文帝还创立了吏部考核官吏之制，依照官吏才能来决定奖惩、任免。后来，他又设定了三年的任期制，以此来阻止官员拉帮结派。

隋文帝开创的选官制，是此后的科举制度的前身。此外，他还颁布了《开皇律》，随后还统一度量衡和货币。在他的治理下，隋朝在社会、经济和文化上有了很大的进步，人口剧增，国库充实，军事实力不断壮大。

隋文帝是中国历史上的一位开国明君，他毕生勤政爱民，"大崇惠政，法令清简，躬履节俭，天下悦之"，后人评价他"威范也可敬，慈爱也可亲"。

少年读全景
资治通鉴故事 4

▶▶ 魏纪·晋纪·宋纪·齐纪·梁纪·陈纪　　▶▶ 陈纪　　▶▶ 杨坚崛起生异志

▼隋文帝杨坚像
杨坚本是北周隋王，后废周静帝，并取而代之，建立隋朝。589年，杨坚命隋军南下，攻灭南朝陈政权，统一了全国，结束了中国南北长期分裂的局面。

陈纪

陈后主荒淫丧国

陈后主是南朝陈的最后一位君主。他不理朝政，生活奢侈腐化，整日与妃嫔、文臣游宴，制作艳词，谱歌度曲，所有军国政事，皆不闻不问。他宠爱贵妃张丽华，当时，江东小朝廷，不知有陈叔宝，但知有张丽华。陈后主创作的赞美嫔妃的宫体诗《玉树后庭花》，被后人批判为亡国之音。

纵使三千粉黛，不及丽华一人

陈朝是南朝的最后一个朝代，开国君主陈武帝陈霸先在位期间，整顿纲纪，爱民如子，使江南局势渐趋稳定，人民生活渐渐富裕。

遗憾的是，陈霸先之后的陈朝统治者大都丧失了锐意进取、励精图治的决心。多数君臣贪享安逸，沉湎于歌舞升平的景象，个个醉生梦死。尤其是陈朝的最后一位君主陈叔宝，他自登基后就不理朝政，完全沉迷于酒色之中。

陈后主最宠信的大臣之一都官尚书孔范善于阿谀奉承，他非常了解陈后主的性格，那就是不能接受别人直言自己的过失。只要有大臣想进言，陈后主就会以各种罪名来喝退他们。可孔范却曲为文饰，极尽逢迎拍马之能事。陈后主听了孔范的花言巧语，自然就更加赏识和宠信他了。

自古以来，英雄难过美人关，更不用说喜好声色的陈后主了。有一天，陈后主见到了龚贵嫔的婢女张丽华，她发长七尺，鬓黑如漆，其光可鉴，肤如凝脂，眉目如画。陈后主对她惊叹不已，一见倾心，从此对张丽华极为宠爱。

陈后主当了皇帝后不久，便急不可耐地在临光殿前修建了三座奢华精致的楼阁，即临春阁、结绮阁、望仙阁。陈后主自居临春阁，张丽华独占结绮阁，孔、龚两贵嫔则同住在望仙阁。楼阁的门窗都是用沉香木和檀香木制成的，

▼陈后主与其侍从像

少年读全景
资治通鉴故事 4

魏纪·晋纪·宋纪·齐纪·梁纪·陈纪 　　陈纪 　　陈后主荒淫丧国

▶胭脂井
位于南京玄武湖南侧，相传是当年陈后主和他的两位宠妾躲隋兵时的藏身之处，因贵妃张丽华被隋兵搜出时胭脂蹭到井口而得名。

阁内到处都装饰着金银珠宝，富丽堂皇，如同仙境。

当然，修建楼阁的巨额费用，必然还是由普通百姓来承担，加上陈后主几乎不理朝政，只顾自己花天酒地，导致陈朝逐渐衰败，最终走向死亡。

玉树后庭花，亡国靡靡音

陈后主生活荒淫奢侈，荒唐至极。他整天和妃子、文臣宴饮作乐，几乎不理朝政。他最宠爱的妃子张丽华，才貌俱佳，能歌善舞，精于诗词歌赋，并且聪慧善辩，记忆力超群。当时，宦官蔡脱儿、李善度两人往往会初步处理好奏章，再呈给陈后主批阅。有时蔡、李两人都忘了奏文的内容，可张丽华却能将奏文内容一一说出，无一遗漏。

早朝时，陈后主时常会抱着张丽华，与朝臣商议国事。张丽华起初只掌管内务，之后就开始干涉外事。而陈后主对张丽华百依百顺，因此宦官近侍都和张丽华串通在一起。

尽管陈后主并不是个好皇帝，可他却精于琴棋诗画，特别是在音乐上造诣颇深，可谓天生的文艺奇才。陈后主喜好辞赋，常常召集中书令江总等文臣入宫，吟诗作赋，欢饮达旦，为一些艳俗的辞赋配上曲子，谱成歌曲。陈后主还特意从民间挑选了众多宫女，专门让她们来吟唱这些靡靡之音。

在陈后主的诗词中，有一首著名的《玉树后庭花》："丽宇芳林对高阁，新装艳质本倾城；映户凝娇乍不进，出帷含态笑相迎。妖姬脸似花含露，玉树流光照后庭；花开花落不长久，落红满地归寂中！"该诗描述了美艳如花的妃子们的国色天香之姿，可结尾笔锋一转，又描写了花开花谢之短暂，语调从激昂明丽变为沉寂哀伤。因此该诗被后人视作亡国之音。

身陷胭脂井，繁华终落尽

正当陈后主等人整日沉醉于笙歌宴舞中时，亡国之祸已悄然来临。587年，隋文帝杨坚吞并了位于江陵一隅之地的西梁，随后便开始准备攻

二三七

少年读全景
资治通鉴故事 4

▶▶ 魏纪·晋纪·宋纪·齐纪·梁纪·陈纪　　▶▶ 陈纪　　▶▶ 陈后主荒淫丧国

打陈朝。他命人大造战船，等待时机沿长江顺流而下。在隋文帝打算扫平四海，实现一统天下的大愿时，陈后主却依旧寻欢作乐，不理政事。588年，隋文帝大举伐陈。隋将杨素带领水军自永安出发，顺利地到了江边；贺若弼率军占领京口；韩擒虎也率大军到了新林，三路大军齐赴陈朝都城。陈军守将立即向都城建康告急，连发警报。那时陈后主却还在和文士、宠姬们饮酒作乐，根本不顾军务的紧急。

当隋军直抵建康，国难当头之时，陈后主才猛然惊醒，急得日夜啼哭，满朝大臣也都无计可施。孔范、江总之辈也只有嘴上功夫，大难临头之时也都手足无措。尽管建康驻扎着十几万大军，却无人能够指挥作战。隋军如入无人之境，顺利地攻进了皇宫。守城的兵马不是卸甲归降，四面逃散，就是被生擒活捉。韩擒虎带领一队将士冲进宫中，找寻许久也不见陈后主踪影。之后，他们逼问被擒住的几个小太监，才得知陈后主躲去了后殿花园。隋军搜遍了花园，发现一口枯井，往下一看好像有人，就以投石威胁，陈后主吓得连忙讨饶。最终隋军将藏于井中的陈后主和他的两个宠姜用绳子拉了出来。相传这三人自井中出来时，张丽华的胭脂蹭到了井口，因此后人就称此井为"胭脂井"。

同《玉树后庭花》所描写的一样，陈后主花天酒地的生活也迅速谢幕。604年，五十二岁的陈后主死于隋大兴城。纵观他的一生，荣华富贵如过眼云烟，转瞬即逝，了无痕迹。或许他眼中的自己只是个风流才子罢了，吟诗作词、寻欢作乐才是正事，而江山社稷、黎民百姓反倒对他而言无足轻重。

◀ 穿棉布衣裤俑